유기농을
누가 망치는가

유기농을 누가 망치는가

소비자를 위한 유기농 가이드북

배승우 · 유병덕 · 안병덕 · 안철환 · 유정길 지음

시금치

추천의 글

　유기농산물이 특별히 비쌀 이유가 없다거나 일반 농산물이 훨씬 좋다는 이야기를 들을 때마다 한평생 유기농을 실천해 온 나로서는 부아가 치민다. 그런 사정을 일일이 설명하려면 많은 수고가 필요했다. 친절하게 설명해도 한계가 있다. 성질 급한 나는 면전에서 화를 내지는 못하고 속만 끓일 뿐이었다. 그러한 나로선 이 책의 제목도 '먹을 자격이 없으면 유기농산물 먹지 마세요'라고 고쳐 써 달라 요구하고 싶을 정도이다.

　나는 일찍부터 농사일을 기록해야 한다고 말해 왔고, 나 스스로도 그리 해 오기는 했으나, 백승우처럼 세세히 기록하고 관찰하지는 못했다. 더욱이 포장, 유통, 경매 과정까지 소비자들이 이해할 수 있도록 써 놓은 걸 보고 농사꾼들에게도 큰 도움이 되겠다고 생각했다. 소비자뿐 아니라 요즘 생산자들도 농산물 유통에 대해 자세히 모르고 농사짓는 이들이 많기 때문이다.

　사실 옛 농사꾼들은 글을 몰라 기록할 수도 없었다. 글을 안다고 해도 바쁜 철에 먹 갈고 붓 챙길 겨를도 없었거니와 종이도 없었다. 지필묵이 있었다 해도 마땅히 보관할 곳도 없었다. 장마면 비가 새는 단칸방 오막살이엔 눅눅한 곰팡이나 슬었을 뿐이다. 그러니 모두 외워야 했다. 300여 가지에 이르는 씨앗을 어느 때 심고 모종하고 가꾸고 거둬야 하는지, 그 많은 내용을 몸으로 익히며 외워야만 했다.

    농사꾼 백승우는 예전에 몸으로만 농사짓던 농부만큼 농사는 못 지어도, 글을 안다는 농부치고는 관찰력이 투철한 편이다. 물론 자기 농사에 제한된 경험이지만 농산물의 생산에서 소비 과정까지를 술술 풀어 놓으면서, 우리가 계절에 맞는 음식만 잘 챙겨 먹어도 소비자와 생산자 간의 어려움은 크게 줄어든다고 애를 써서 설득한다. 나처럼 부아를 내지 않고도 재미있게, 무엇보다도 생산자와 소비자 모두에게 도움이 되는 자기 경험과 소신을 잘 읽히게끔 쓰고 기록했다. 읽고 나서 모두들 중동에서 싣고 오는 기름 좀 때지 않으며, 먹고 짓고 살았으면 한다.
    유병덕은 국제유기심사원으로서 '인증'에 대해서 알기 쉽게 잘 써 주었다. 인증 심사 기준이 어떻고 성분 분석 결과가 어떻고 하는 것보다 '사람'을 인증해 주어야 한다는 지론은 유기농의 상업화와 '묻지 마 웰빙' 소비에 빠져 있는 우리 유기농업에 큰 울림과 경종을 울린다. 신께서 뜻이 있어 이 심사위원의 자녀에게 아토피라는 질병을 주어 유기농 심사라는 일에 대해 더 세밀한 뜻을 알게 했으리라.

　모든 소비자들에게 이 책을 처음부터 끝까지 다 읽어야 한다고 추천하고도 남을 내용이지만, 책을 다 읽을 짬이 없는 소비자라면 부디 안병덕의 글이라도 읽어 주시길 바란다. 안병덕 글에 따르면 고기 1킬로그램을 얻기 위해 소는 7킬로그램, 돼지는 4킬로그램, 닭은 2.2킬로그램의 사료가 든다고 했는데, 이것은 성장촉진제를 먹여 키우는 공장형 축산의 통계 수치이다. 내가 키우는 소는 일생 동안 풀 70톤, 돼지와 닭은 쌀겨 400킬로그램과 40킬로그램을 먹여야 키울 수 있었다.
　누구든지 자기 먹을 채소 정도는 가꾸어 먹는다면 자기 몸과 이 사회가 모두 건강할 수 있고, 경쟁의 논리와 돈의 논리를 거부하는 것이 유기농의 정신이라고 말하는 안철환, 유정길의 글은 생명보다 돈이 먼저인 이 시대에 아주 적절한 글이다.

이 책은 우리가 유기농 생산자들의 고통을 세세하게 들여다볼 수 있게 한다. 하지만 글에 다 쓰지 못한 어려움이 실제로는 더 많을 것이다. 유기농 생산자들은 부부 사이에도 또 부모와 자녀들과도 유기농에 대한 인식 차이로 갈등과 대립을 겪는다.

어른으로서 스스로 농업을 선택해 부모와 큰 대립을 겪지 않고, 유기농 의식이 투철한 배우자를 만났기에 그러한 어려움은 없었으리라 생각되는 이 책의 저자들은 그나마 행복한 농사꾼들이라 생각된다. 이 책을 통해 유기농 생산자들이 헤쳐 나가야 할 많은 난관 가운데 조금이라도 소비자들이 알고 이해하는 계기가 될 수 있기를 바란다.

임락경 시골교회 목사

들어가는 글

유기농산물, 웬만하면 먹지 마시라!

　나는 우리 농산물 소비자가 고맙다. 참말로 고맙다. 덕분에 계속 농사짓고 살 수 있으니 늘 그 고마움을 잊지 않으려고 애쓴다. 애, 쓴, 다? 애를 쓴다는 건 쉽지 않다는 얘기다. 자연스럽게 우러나는 감정이 아니라는 거다. 무슨 이유 때문에 '고마운' 마음을 돋우기 위해 애써야 하는지 곰곰 생각해 본다. 따져 보니 왕 노릇 하려는 소비자의 마음을 만날 때마다 속이 불편했던 탓이었다. 그 불편함이 고마운 마음을 삼켰던 것이다.

　소비자는 왕이라고들 한다. 맞다. 그런데 문제는 백성과 달리 왕에게는 권력이 있다는 점이다. 좋은 왕도 많겠지만 어리석은 왕은 신하와 백성을 두루 괴롭히고 종국엔 나라를 말아먹는다. 그래서 나는 소비자가 어리석은 왕이 아니었으면 좋겠다. 더욱이 왕 노릇 하고 싶은 사람은 유기농산물 근처에 아예 안 왔으면 좋겠다. 어리석은 왕이 나라를 망치듯이 어리석은 소비자는 우리나라 유기농업을 망칠 것이기 때문이다.
　왕 노릇 하려면 신하도 있어야 하고 졸도 있어야 한다. 신하들은 왕 눈치를 보고 왕 비위 맞추느라 졸을 잡도리한다. 잡도리 당하는 졸이 기분 좋을 턱이 없다. 어리석은 왕은 참을성도 없고 제 고집만 내세울 뿐, 신하나 졸병을 이해하려 노력하지 않는다.

　유기농산물 나눔과 관련해서 말하자면 애초에 졸은 소비자였다. 열 개를 주문해서 세 개만 받을 수 있어도 감지덕지했고, 그나마 받은 물건도 바람 들고 알량한 것들이었다. 일주일에 한두 번 정해진 곳에 놓고 가는 물품을 직접 나가서 받고, 세상이 꽁꽁 얼어붙은 한겨울에도 여러 집이 어울려 서로 나누었다. 여럿이 모이지 않으면 아예 갖다 주지도 않았다. 이때 나는 소비자였다.

　유기농을 하는 농사꾼들이 애초에는 왕이었다. 그들은 뼛골 빠진다는 고단한 농사일을 감내하는 농업 노동자이면서 열정에 불타는 사회운동가였고 생태적 각성을 촉구하며 새로운 문명을 예지하는 선각자이고 스승이었다. 멋졌다! 유기농업은 산업이라기보다는 사회운동이었다. 그런데 점차 운동성은 퇴색되고 사업처럼 유통업처럼 변하고 있다. 왕들 틈에 슬쩍 끼어 볼까 싶어 시골로 와서 농사꾼이 되었는데, 이런 젠장, 시나브로 또 졸이 되었다.

유기농업을 애정 어린 시선으로 바라보자면, 농사꾼과 소비자의 처지는 왕도 졸도 바람직하지 않다. 그저 이웃과 이웃으로 만나면 족하지 않을까 싶다. 이웃끼리는 나란해서 우러를 것도 없고 깔볼 것도 없으니까. 그리고 서로 주고받을 게 있으면 공평하게 나누면 된다. 내가 농사지어 내놓는 농산물이 귀하듯이 내 농산물을 사 먹는 소비자들 호주머니에서 나오는 돈도 귀하다. 그러니 서로 귀함을 인정하고 공평하게 나누는 게 옳다. 이웃이 되려면 최소한 이런 정도는 서로 생각하는 마음이 있어야 한다.

이제까지 유기농업은 계획 생산하고 책임 소비하는 일종의 계획경제 시스템이었다. 지금도 상당히 그렇다. 앞으로도 그래야 한다. 이미 다 밝혀졌듯이 계획경제 시스템은 문제도 많고 무엇보다 효율이 매우 낮다. 그런데 이것이 핵심이다. 비효율로 치자면 우리나라에서 농사만 한 게 없다. 유기농업은 더욱 그렇다. 그러나 이 비효율을 이해하고 받아들이고 지지하는 마음이 없다면 유기농산물을 아예 안 먹는 편이 좋다.

…

이 책을 통해 글쓴이들이 말하고 싶은 바는 두 가지다. 하나는 유기농산물의 안전성과 소비자의 건강을 직접 연결하는 것이 타당하지 않다는 것이며, 더불어 지금까지 농사꾼과 소비자 사이에서 유기농업에 대한 오해가 얼마나 깊어졌는지 살펴보고 유기농업을 제대로 이해하는 기회를 만들자는 것이다.

다른 하나는 유기농업이 우리 농업의 대안으로, 우리 사회의 대안으로 제대로 자리 잡지 못하고 있으니 농사꾼과 소비자가 서로를 살리기 위해 어떤 태도를 가져야 하는지 그에 대해 생각해 보자는 것이다.

나는 유기농업보다 우리 농업에 더 관심이 많다. 유기농업은 그저 우리 농업이 살아남을, 군색하고 어찌 보면 유일한 방편이라는 생각이다. 좀 더 솔직하게 말하면, 유기농업이 필요한 이유는 소비자들에게 건강에 좋은 먹을거리를 제공하기 위해서라기보다는 우리 농사꾼들이 안전한 환경에서 일하기 위해서라는 생각이다.

조금만 생각해 보면 된다. 안전한 농산물을 먹는다고 사람이 건강할 것 같으면 세상에 아플 사람이 없다. 건강 문제는 타고난 체질, 생활환경,

생활 습관, 마음가짐 등 수많은 요소가 복합적으로 작용해 발생한다. 만일 진짜로 더 건강해진다면, 이 또한 부당하다고 생각한다. 돈이 없어 유기농산물 못 먹는 사람은 건강까지 잃어야 한다. 정의롭지 않다. 온갖 먹을거리가 난무하는 우리 사회에 유기농산물마저 '건강기능식품'처럼 인식돼서는 안 된다.

유기농산물은 소비자보다는 오히려 농사꾼의 건강과 더 긴밀히 연관돼 있다. 소비자가 일반 농산물 대신 유기농산물을 사 먹으면, 농사꾼 누군가는 농약이나 제초제가 주는 직접적인 피해에서 벗어난다. 유기농산물 구매는 남 좋으라고 하는 행위이다. 그래서 단순히 내 가족의 건강만 생각해서 유기농산물을 이용한다면, 웬만하면 먹지 마시라고 하는 것이다.

농사꾼이 건강해야 우리 농업이 살아남을 수 있다. 굳이 따지자면 나로서는 소비자의 건강보다 농사꾼들 건강이 우선이다. 소비자가 백 명 느는 것은 물론 환영할 일이지만 그보다 농사꾼 하나 느는 게 더 절실하다.

친환경 농산물 시장은 해마다 크게 성장하고 있지만, 우리나라 농사꾼은 줄어들고 농촌은 갈수록 시들어 간다. 이는 마치 대기업이 커 가면서도 일자리를 만들어 내지 못하는 것과 같다. 뭔가 잘못돼 가고 있다. 이런 돼먹지 않은 소리를 왜 자꾸 하는가? 유기농업이 '관행 농업'이 갔던 길, 자기 소멸을 향한 그 길을 그대로 따라가고 있는 것처럼 보이기 때문이다. 이제까지와는 다른 새로운 길을 만들지 못하고 있다는 답답함 때문이다. 그래서 애먼 소비자 탓을 하고 있는지도 모르겠다.

대형마트 식품 매장을 가득 채우고 있는 상품 대부분은 수입 농산물이다. 우리나라 식량자급률은 20%를 약간 웃도는 수준에 불과한데, 아무리 이야기해도 사람들은 이게 얼마나 심각한지 잘 느끼지 못한다. 수입 농산물을 늘 입에 달고 살면서도 수입 농산물을 먹고 있다고 자각하지도 못한다. 수입해 들여오는 것들이 몸을 살짝 바꿔서 소비자의 눈을 피하기 때문이다. 수입 쌀은 막걸리나 떡, 김밥이나 공깃밥으로 둔갑하고, 수입 밀이나 옥수수는 라면이나 빵이나 과자, 사탕, 짜장면, 피자, 식용유, 쇠고기(수입 곡물사료 먹고 자란), 돼지고기, 우유, 달걀, 치즈 등으로 변신한다. 그래서 눈에 잘 안 보인다.

수입 농산물을 수입해 이익을 보는 사람은 누구일까? 수입 농산물을 음식 재료나 식품, 사료 들로 가공하는 대기업이다. 중소기업이 하면 벌받을 일도 대기업이 하면 괜찮다. 그래서 수입 농산물은 더더욱 우리 눈에 잘 안 보인다. 대기업이 총생산의 단 10%라도 반드시 우리 농산물을 재료로 해서 라면이나 과자를 만들어야 한다는 식의, 소위 쿼터제 같은 제도의 뒷받침도 없다. 식품 광고에 반드시 '수입 농산물 100%로 만든다'는 문구를 넣어야 방송 광고를 내보낼 수 있게 한다든지 하는 것도 어려운 일이다.

우리 벼농사를 목 조르는 건 외국에서 들여오는 쌀만이 아니다. 위에 열거한 수입 농산물로 만든 식품이 쌀을 대신한다. 쌀 소비량은 급감했다. 그래서 쌀 자급률 100%는 허구다.

소비자를 잃은 논은 밭으로 바뀐다. 밭에는 채소와 과일을 심는다. 언제나 과잉 생산 상태에 있는 채소와 과일이기에 그 가격의 폭락 역시 예삿일이다. 기후 조건이 좋은 시기에는 무조건 폭락한다. 견디지 못하는 농사꾼부터 차례차례 농사를 접는다. 우리 농업은 이렇게 점점 벼랑 끝으로 밀려 가고 있다. 구조조정 당하고 있다.

수입 농산물에 빼앗긴 농업 영토를 회복하려면 어떻게 해야 할까? 대기업에 맞서 우리도 거대해져야 할까? 외국의 거대 기업농에 맞서 우리도 그렇게 되어야 할까?

땅이 부족해서 불가능하다. 가능할지라도 그렇게 해 봐야 농사꾼이나 소비자에게 득 될 게 하나도 없다. 힘겹더라도 유기농사꾼들이 소비자들과 힘을 합쳐서 돌파구를 뚫어야 한다. 그래야 유기농업이 우리 농업의 대안이 될 수 있다. 그건 아마도 이런 형태일 것이다.

농사꾼들은 작은 농장에서 건강한 농산물을 생산한다. 혼자 또는 여럿이 협동해서 생산한 농산물로 정성이 듬뿍 담긴 신선한 가공식품을 만들어 내는 작은 식품 회사가 농촌 구석구석을 채운다. 소비자와 얼굴 마주하고 사는 얘기 나누는 사랑방 같은 가게들, 이를테면 생협 매장 같은 작지만 알찬 구멍가게에서는 방부제가 들어가지 않고 유통기한이 매우 짧은, 진정한 의미에서 질 좋은 가공식품들을 구할 수 있는 유통 구조다.

안타깝게도 현재 우리 상황은 이런 바람과는 사뭇 다르다. 마땅히 농사꾼의 영역이어야 할 부분은 농산물 수입 업체와 대기업이, 유통 활동가와 작은 구멍가게가 있어야 할 부분은 대형 유통 체인점이 장악한 채로, 생산과 유통 과정을 알기도 어렵고, 유통기한도 무지무지하게 긴 첨가물 범벅의 식품들이 거의 대부분을 차지하고 있다. 우리 농업은 여기서 무너진다.

　그렇다면 우리 농사꾼들은 잘하고 있는 것일까? 우리가 하는 유기농업이 도도하게 밀려드는 수입 농산물의 파도를 타고 넘을 만큼 충분히 단단하고 충분히 가치 있게 잘 전개되고 있는 것일까?

　원리원칙대로 적용해 보자면 유기농산물은 관행 농산물에 비해서 원가가 낮아야 맞다. 부림소로 땅을 갈고 씨앗도 받아서 쓰니 씨앗 값도 안 들고 비싼 화학비료도 안 쓰고 농약도 안 쓰고 제초제도 안 쓰니까 생산비를 낮출 수 있다. 게다가, 농가 부산물을 활용해서 가축을 기르고, 가축 분뇨를 이용해서 거름을 쓰고, 섞어짓기, 돌려짓기, 사이짓기로 땅을 잘 사용하니 병해충도 없고 생산성도 올라가야 한다. 수확한 농산물은 보잘것없지만 들어간 것도 없으니 무조건 수익이 나야 한다.

　말하자면 유기농업의 기본 원리는 이런 것일 텐데, 우리는 참 너무나 멀리 있다. 시장 속으로 너무 깊숙이 들어왔다. 가슴 아픈 일이지만, 밖으로만 향하던 원망의 눈길을 안으로 돌린다. 이게 다 유기농사꾼 때문이다!

　그래도 희망을 잃으면 안 된다. 우리는 작으니 단결된 힘으로 밀어붙여야 한다. 촘촘하게 거미줄처럼 엮어 짜야 한다. 수입 농산물이나 대기업을 밀쳐내고 그 자리를 우리가 되찾아야 한다.

…

길을 잃으면 처음으로 돌아가야 한다. 기본으로 돌아가야 한다. 그곳에서 차근차근 되짚어 가며 미래를 그려야 한다. 이 책은 이런 생각을 바탕으로 기획되었다.

농사꾼 백승우는 〈소비자는 어떻게 유기농을 망치는가?〉에서 우리 농산물의 생산·유통·소비 과정을 그려 보이고, 이 과정에서 소비자들이 소비를 통해 농사꾼들에게 어떤 메시지를 보내는지, 농사꾼은 그 메시지를 어떻게 농사에 반영하는지 드러내 보려 애쓴다. 그리고 유기농사꾼으로서 유기농업을 비판한다. 남 탓만 하면 안 되니까 제 탓도 좀 하는 척한다. 소비자에게 몇 가지 당부 말씀도 올리고, 마무리로 시골로 내려와 함께 농사지으며 행복하게 살자고 손짓도 좀 한다.

국제유기심사원 유병덕은 〈유기농이 대체 뭐길래?〉에서 유기농업이란 무엇을 말하는 것인지, 왜 유기농 여부를 판단하는 데 농사짓는 과정 그 자체를 주목해야 하는지 설득력 있게 들려준다. 쌀, 우유, 두부 등의 실제 인증 심사 방법을 덧붙여 유기농 인증에 대한 이해를 돕는다.

생협 활동가인 안병덕은 〈소비를 바꾸면 세상도 바꿀 수 있다〉에서 '유기농은 완전하고 온전한 음식으로 우리 몸에 이롭다'는 논지를 펼친다. 또 '유기농은 환경오염과 기후변화를 막고 생태계와 농촌을 살린다'고 주장한다.

도시 농부 안철환은 〈소비자가 경험하는 자급의 힘, 도시 텃밭〉에서 자급농사의 매력을 말한다. 도시에서 농사를 지으며 농업의 핵심 원리인 자급경제를 실천하고, 순환의 생명력을 발견한 과정을 보여 주며 농업이 지닌 살림의 힘에 대해 이야기한다.

환경운동가 유정길은 〈유기농의 이유, 자족의 철학〉에서 생태주의의 핵심을 말한다. 유기농사꾼과 소비자의 마음자리가 어떠해야 하는지 돌아보게 한다.

...

우리는 이 책에서 우리 농업이나 우리 농사꾼에게 누가 될 만한 부분은 어떻게든 걷어 내거나 완화하려 애썼다. 농약을 치든 비료를 뿌리든 우리에겐 농사꾼이 더 소중하다. 관행 농업과 유기농업을 대립적인 관점에서 보는 데에도 반대한다. 농사꾼은 다 농사꾼이다. 유기농업은 현대 농업에선 아주 작은 일부일 뿐이다. 비유하자면 유기농업은 관행 농업이라고 하는 엄마 배 속에 든 아기다. 엄마가 쓰러지면 아이도 끝이다. 아이는 얼른 자라 엄마를 대신해야 한다.

  우리나라 농업이 하루라도 빨리 모조리 유기농업으로 바뀌기를 바라는 간절한 마음은 똑같다. 이 바뀜은 농사꾼이 아니라 소비자 손에 달렸다고 본다.

2013년 5월 강원도 화천에서

백승우

차례

추천의 글 ... 004

들어가는 글 – 유기농산물, 웬만하면 먹지 마시라! ... 008

1 소비자는 어떻게 유기농을 망치는가? 백승우_ 농사꾼

강원도 산골짝 농사꾼 ... 026

애호박의 일생 ... 034

애호박 가격, 그 아찔한 널뛰기 ... 046

중간상인, 유통기한의 해결사 ... 051

유기농산물은 샛길로 간다 ... 056

애호박 농사로 먹고살 만합니까? ... 063

농사가 힘든 이유 ... 068

비료 팍팍 주고, 농약 팍팍 쳐! 그리고 잘 골라서 보내 ... 075

빼앗긴 들을 되찾기 위하여 ... 080

농사꾼 돼도 안 죽는다 ... 084

유기농사꾼과 이웃이 되는 9계명 ... 090

2 유기농이 대체 뭐길래? **유병덕_ 국제유기심사원**

유기농은 가치에 붙이는 이름이다 …094
유기농을 판별하는 기준을 바꾸자 …101
유기농에 들어 있는 진짜 좋은 것은? …107
유기농 쌀을 예로 본 유기농산물 생산 기준 …113
유기농 우유를 예로 본 유기축산물 생산 기준 …122
유기농 두부를 예로 본 유기가공식품 생산 기준 …128
친환경 농산물 인증 …134
유기농에 대한 오해 5가지 …136

3 소비를 바꾸면 세상도 바꿀 수 있다 **안병덕_ 생협 활동가**

먹을거리를 생각하다 …140
유기농은 맛있다 …143
다양성은 착각이다 …150

잘못된 선택이 우리를 병들게 한다 ...157
육식은 나쁜가? ...167
생태계를 파괴하는 먹을거리 ...173
먹을거리는 기후변화를 일으킨다 ...180
유기농은 생태계를 살린다 ...192

 유기농으로 자급자족을!

소비자가 경험하는 자급의 힘, 도시 텃밭 **안철환_ 도시 농부** ...198
유기농의 이유, 자족의 철학 **유정길_ 환경운동가** ...210

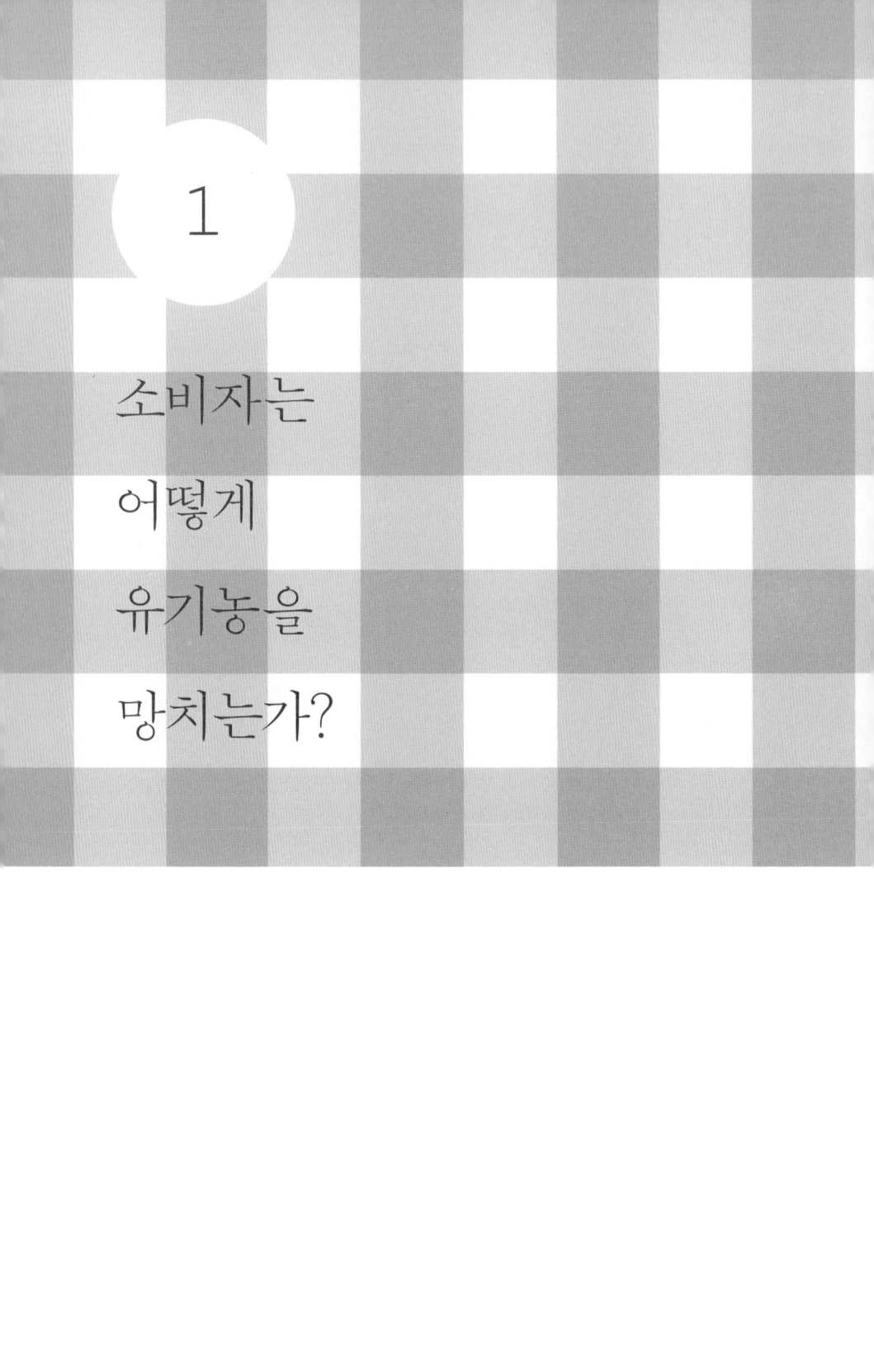

1

소비자는
어떻게
유기농을
망치는가?

백승우 농사꾼

농사꾼 열여섯 명이 함께 운영하는 영농조합 '강원유기농'의 꼴찌 농부. 강원도 화천에서 농사를 하늘이 주신 업이라 생각하고 열심히 짓지만 여전히 서툴다. 《아미쉬 공동체》를 함께 옮겨 썼고, 《내 손으로 가꾸는 유기농텃밭》, 《토종 곡식, 씨앗에 깃든 우리의 미래》를 함께 썼다. '춘천생활협동조합'을 설립할 때 함께 일했고, 지금은 녹색당 농업정책위원회 등에서 농가 소득은 보장하되 쌀과 밀, 콩, 옥수수 같은 곡식 가격은 아주 낮춰야 우리 곡식이 가공식품 재료로 쓰이고, 그래야 온 백성이 건강해지고 농업도 살릴 수 있다고 주장하고 있다.

강원도
화천군
산골짝
농사꾼

저는 농사꾼입니다. 삼십 대 초반부터 사십 대 중반인 지금까지 농사지어 먹고살았으니 어느 정도 농사꾼 눈을 갖게 됐다고 생각합니다. 그래서 유기농업과 우리 농업, 그리고 농산물을 이용하는 소비자에 대해 쓴소리를 할 자격이 있다고 조심스럽게 용기를 내어 봅니다. 그런데 어디에서 어떤 농사를 짓느냐에 따라 농업을 보는 눈이 다 다릅니다. 저 아래 너른 들녘에서 큰 기계로 10만 평씩 논농사를 짓는 분과 산골짜기 다락밭 몇 뙈기 가지고 아등바등 채소 농사짓는 사람이 농업을 바라보는 눈이 어찌 같겠습니까? 그래서 제가 어떤 눈으로 농사를 바라보는지 말씀드리기 위해 제가 사는 곳이 어디이며 제가 무슨 농사를 짓는지 먼저 밝히는 게 순서라고 생각합니다.

질곡의 오지, 화천군 간동면 용호리

저는 강원도 화천군 간동면 용호리라는 마을에 살고 있습니다. 한반도가 다 들어가 있는 대한민국 전도를 가로로 한 번, 세로로 한 번, 이렇게 두 번 접었다 펴면 접힌 선 두 개가 만나는 곳에 화천이 있습니다. 한반도 한가운데라 보면 됩니다. 삼팔선 바로 위에 있으며 산간 오지로 분류되는 곳입니다. 춘천에서 배후령이라는 해발 600미터 고개를 넘어와야 해요. 집에서 둘러보면 사방이 온통 산입니다.

이곳은 여산 송씨들이 많이 사는 집성촌입니다. 억지로 왕좌에 오른 세조가 단종 일파를 다 잡아 죽이면서 유일하게 단종의 처가 사람들, 여산 송씨 일가는 살려 뒀는데요. 언제 마음 변할지 모르는 세조의 눈을 피해 숨어 들어와 산 곳이 바로 여깁니다. 그래서 도송리(都宋里)라는 마을이 있어요.

지금은 길이 좋아지고 터널도 뚫려서 그다지 오지 느낌이 없지만, 옛날에는 정말 사람이 접근하기 힘든 곳이었습니다. 화천군 연혁을 보면 인구가 가장 많았던 때가 5만 명 정도로 일제강점기 때인데, 왜 그런가 하고 보니 독립운동가들이 숨어 들어와 살아서 그랬다네요. 지금은 주민 수가 2만5천 명 정도 됩니다. 남북 접경지대라서 화천에 상주하는 군인들 숫자도 그 정도 됩니다.

8·15 해방 직후에는 조선민주주의인민공화국에 속했고, 대한민국 군대가 한국전쟁 때, 남의 나라 전쟁에 참여한 중화인민공화국 의용군들을 상대로 싸워 크게 이긴 곳이기도 합니다. 깰 파(破)에 오랑캐 로(虜)자, 파로

호라는 호수 이름도 이때 만들어졌어요. 원래 이름은 대붕호입니다. 장자에 나오는 전설의 새, 붕(鵬)입니다. 한 번 날갯짓으로 구만 리 장천을 날아간다는 전설의 그 새지요. 재미로 말씀드리자면 호수 끝자락에 구만리(九萬里)가 있습니다. 구만리 뒷산이 성불령, 능선을 따라 올라가면 878미터의 용화산이 있습니다. 붕이 날개를 펴고 구만 리 장천을 날아 성불해서 용화정토 세계로 들어간다는 흐름인데요. 노장사상과 불교가 결합한, 아마도 어느 선사(禪師)가 지었음 직한 이름들입니다. 이렇게 이름을 세게 지어 놓으면 팔자가 셉니다. 개똥이, 쇠똥이가 외려 좋은 이름이지요.

이 동네 팔자가 센 탓인지 한국전쟁으로 수많은 사람이 상한 뒤에도 슬픔은 계속되었습니다. 이곳에 있었다던 월남 파병부대 훈련장도 그 중 하나입니다. 월남에 가서 전사한 병사들이 고국에서 마지막으로 밟았던 땅입니다. 제5공화국 때에는 공포의 삼청교육대가 들어섰고 '평화의 댐'이 지어졌습니다. 1980년 광주로 내려간 군인들이 휘두른 몽둥이의 재료인 박달나무는 바로 이 동네 형님들이 산에 가서 잘라다가 군대에 납품한 거라고 해요. 이 모든 현대사의 질곡을 고스란히 안고 있는 동네입니다.

어정쩡한 준산간지 농사

산간 오지라고는 하지만 논밭이 펼쳐진 이곳의 실제 해발고도는 150~200미터 정도입니다. 어정쩡하지요. 아예 해발고도가 높아서 600미터가 넘는 고원이면 고랭지에 듭니다. 고랭지는 한여름철 채소 농사를 거의 독점하기 때문에 오히려 유리합니다. 어정쩡한 이곳에서 농사짓는 농사꾼은 매사에 신경을 많이 써야 합니다.

고추 농사로 예를 들어 설명하자면 이렇습니다. 열매채소가 다 그렇듯이 고추도 서리에 약해요. 그래서 따뜻하게 해 주면서 모를 키워 서리가 그치면 본밭에 내다 심는데, 여기는 5월 10일이 지나야 안전합니다. 안전하다는 것도 비교적 안전하다는 것이지 완전히 안전하지는 않습니다. 6월 초에도 서리가 내리는 걸 본 적이 있어요. 그러면 냉해를 입어서 수확량이 줄어요. 뿌리를 내려 모살이를 하고 커 가는데, 외줄기로 커가다가 20~30센티미터 정도가 되면 줄기가 두 갈래로 갈라져요. 이렇게 갈라지는 모습이 디딜방아를 닮았다고 해서 갈라지는 부위를 방아다리라고 하지요. 방아다리가 나오면 고추나무가 비바람에 쓰러지지 않게 말뚝을 박고 줄을 띄워 지지해 줍니다. 방아다리 바로 위에서 첫 줄을 띄우고요, 나무가 자라는 걸 보면서 두 줄, 세 줄 띄워 갑니다. 우리 동네에서 첫 줄을 띄워 놓고 다른 지방에 볼일이 있어 내려가면서 보면 충청도만 가도 벌써 석 줄은 띄워 있고 키도 1미터 정도나 자라 있습니다. 여기서 고추가 붉게 익어 치렁치렁 달리는 때가 8월 중순쯤입니다. 세상이 온통 초록으로 뒤덮여 있을 때 이파리 사이로 살짝 드러나 보이는 붉디붉은 홍고추는 정말 섹시합니다. 붉게 익은 고추가 어느 정도 됐을 때 한 번 다 따내고, 한참 있으면 뒤늦게 열려 퍼렇던 고추가 붉게 변해 또 따냅니다. 처음 딴 걸 첫물, 두 번째를 두 물, 그 다음을 세 물, 네 물 이런 식으로 표현합니다.

충청도 사는 형이랑 통화를 합니다. 형이 "올해 비가 많이 와서 고추 농사 망했어." 하면 저는 아주 망한 줄 알고 막 동정을 하지요. 그러다가 자세히 들어보면, "겨우 세 물밖에 못 땄어." 이러는 거예요. 맥이 탁 풀립니다. 우리 동네에서는 세 물 따면 잘 딴 축에 들거든요. 네 물 따면 풍년이고 다섯 물까지 따면 대박입니다. 충청도 건고추 값은 근당 6천 원 정도인데 여기서는 만 원 이하로 잘 안 내려갑니다.

화천 동부 지역 애호박

감자도 마찬가지입니다. 제주도에서 일찌감치 캐내기 시작해서 남해안 일대를 거쳐 충청도 지나 우리 동네에 이를 때쯤이 빨라야 7월 초순입니다. 씨감자를 쪼개 심고 거둘 때까지 100일 정도 걸리거든요. 제가 사는 이 지역은 3월 말이 돼야 땅이 녹아요. 땅 녹았다고 바로 농사지을 수도 없어요. 질척거리는 밭이 좀 말라서 고슬고슬해져야 거름 뿌리고, 흙 갈고 두둑도 만들 수 있거든요. 그래서 부리나케 일해도 4월 초나 돼야 감자를 심어요. 그러니 오월, 유월, 칠월, 석 달하고 열흘입니다. 빨라야 7월 10일이에요.

이곳은 날이 춥고 겨울이 늦게 끝나서 남부 지방이나 충청도 지방에 비해서 농사짓는 조건도 뒤지고 수확한 농산물 판매에도 불리해요. 봄이 늦게 오고 논밭은 좁고 그나마 있는 밭도 비탈져 있고 돌이 많아 농사에 아주 불리합니다. 이 불리해 보이기만 하는 조건 속에서 찾아낸 소위 '경쟁력 있는' 농사로 화천군 간동면이 선택한 주 소득 작목은 애호박입니다. 애호박은 우리 지역 대표 농산물입니다.

우리나라 지역마다 이렇게 그곳에 유리한 작목을 정해서 지역별-작목별 분업 체계가 이루어져 있습니다. 이를테면 고창 수박, 성주 참외, 진천 포도, 해남 고구마, 나주 배 이런 식입니다. 같은 지역에 사는 사람들이 같은 농산물을 주 소득 작목으로 함께 지으면 이로운 점이 많습니다. 자재 같은 걸 공동구매하기도 좋고, 농사 기술을 발전시키기도 좋고, 서로 돕기도 좋고, 이심전심 서로가 서로를 잘 이해하게도 되고요, 판매에도 유리합니다.

그리고 나라가 길쭉하게 위에서 아래로 쭉 뻗어 있어서 지역별-시기별 분업 체계도 이루어져 있습니다. 사철 푸른 채소를 먹을 수 있는 건 나라가 길쭉한 덕입니다. 겨울엔 제주도와 남부 해안 지역, 이른 봄엔 남부 내륙, 늦봄부터 초여름에는 충청 경상 지역, 한여름에는 강원 산간 지역과 고랭지, 그리고 가을에는 다시 충청과 전라 경상 내륙 지역, 늦가을 초겨울에는 남부 지역, 겨울엔 제주도와 남부 해안 지역. 이런 식으로 순환합니다.

그러면 제가 사는 이 동네는 왜 애호박인 걸까요? 제가 생각할 때 첫 번째는 바람이 비교적 적기 때문입니다. 바람이 세차게 불면 연한 애호박 살갗에 생채기가 나서 상품성이 없어집니다. 그리고 호박 줄기가 흔들리면서 충격을 받아 호박이 맺히지 않습니다. 바람이 호박 줄기를 똘똘 말아서 검불더미를 만들어 버립니다. 여기 화천은 산으로 둘러싸여 있어 태풍의 영향을 거의 받지 않습니다.

두 번째는 거의 모든 밭이 비탈밭이고 돌이 많아 물 빠짐이 좋다는 점입니다. 다음은 남들보다 일찍 애호박 농사를 짓기 시작해서 재배 기술이 뛰어나다는 점, 경쟁이 될 만한 다른 지역은 애호박 말고도 다른 작물을 통해 소득을 올릴 수 있다는 점 등 여러 이유를 들 수 있을 겁니다.

하지만 이것도 다 옛날 얘기고요, 지금은 전국 어디서나 애호박 농사를 짓고 있습니다. 게다가 출하 시기가 겹치면서 단위 면적당 소득은 오히려 뒷걸음질을 치고 있습니다. 15년 전에 연평균 평당 만 원 정도의 소득을 올렸다고 하는데 지금은 기대 소득이 평당 5천 원 정도로 떨어져 있는 상태입니다.

산골짜기 유기농사꾼

지금까지 제가 사는 동네인 화천군과 이곳의 농업을 소개했으니, 이제

제 소개를 해야겠네요. 제가 어떤 눈으로 유기농업과 우리나라 농업을 바라보고 있으며, 그럴 자격이 있는지 말이지요.

저는 산골짜기 유기농사꾼입니다. 이곳 여느 농사꾼들처럼 주 소득 작목으로 유기농 애호박 농사를 짓고 있습니다.

애호박 농사를 짓기 전에는 소량 다품종으로 소비자와 직거래한다고 수십 가지 작목을 심고 가꾸었지요. 이곳 사정에 눈이 어두웠던 거예요. 잡다한 농사를 걷어치우고 애호박 농사를 짓고 나서야 동네 농사꾼 형들과 진짜로 소통할 수 있게 되었습니다. 직접 농사를 짓기 전에는, 먹고살기 위해 애호박 농사를 지어 보지 않고서는, 알 수도 없고 이해할 수도 없는, 농사꾼끼리만 통하는 미세한 감정선이 있었던 겁니다. 여기서 유기농이냐 관행농이냐 하는 건 그리 중요하지 않아요. 그저 '애호박 농사'라는 이유만으로 농사꾼으로 받아들여졌습니다.

애호박 말고도 피망과 꽈리고추도 주 소득 작목입니다. 애호박, 피망, 꽈리고추는 모두 열매채소이고 생산은 혹서기인 7~9월에 집중됩니다. 내가 생산한 농산물은 '강원유기농'이라는 영농조합을 통해 절반 정도를 '두레생활협동조합'과 직거래하고, 나머지는 학교, 백화점, 마트, 유기농산물 판매점 등에 납품하는 중간 도매업체에 넘깁니다.

전에는 무슨 농사를 짓느냐고 누가 물으면 참 대답하기 힘들었습니다. 메주콩, 속청콩, 땅콩, 쥐눈이콩, 수수, 조, 기장, 건고추, 감자, 고구마, 들깨, 참깨, 검은깨, 브로콜리, 풋고추, 옥수수, 무, 배추, 상추, 아욱, 쪽파, 열무, 총각무, 도라지, 마늘, 우엉, 당근, 생강, 오이, 가지, 애호박, 맷돌호박, 단호박, 매실, 대추, 은행 등등등을 짓는다고 장황하게 열거하기도 곤란하고, 특별히 한두 개를 콕 찍어 말할 수도 없는 노릇이어서 어물어물 넘어갔습니다. 지금은 애호박, 피망, 꽈리고추가 주 소득 작목이라고 대답할 수 있어서 편하고 좋네요.

그렇다면 그저 일개 산골짜기 유기농사꾼인 제가 우리 농업에 대해 이러쿵저러쿵할 만큼 대표성을 갖고 있을까요?

제가 학식 높은 학자도 아닐뿐더러 농사짓는 곳도 농업 인구가 많은 평야 지역도 아닌데다가, 농사 규모도 우리나라 농가당 평균 재배면적(1.45헥타르, 대략 4500평)에도 못 미치는 얼치기 농사꾼인 제가 우리 농업을 대표할 수는 없는 일입니다. 게다가 일 년에 우리나라에서 생산되는 농림산물, 곧 농림업 총생산에서 차지하는 비율에 따라 보더라도 쌀이 15퍼센트 정도고 채소와 과수를 합해서 30퍼센트, 축산이 40퍼센트 정도라서 채소 농업은 그리 큰 비중을 차지하지도 않습니다. 대분류에 따른 쌀농사꾼, 과수 및 채소농사꾼, 축산업자 등의 숫자 비율에서도 채소 농사를 주업으로 하는 농가 비율도 얼마 안되고요. 농법으로도 그렇습니다. 친환경농업은 전체 농업 생산의 10퍼센트 정도에 불과하고, 친환경농업 중에서도 유기농업 비율은 1퍼센트를 조금 웃도는 정도입니다.

한마디로 저는 우리 농업의 주류가 아니라는 말입니다. 비주류이고 변방 중에서도 최고 변방입니다. 그러니 제가 내는 목소리는 농사꾼 중에서도 가장 낮은 자, 가장 작은 자의 목소리라 보시면 될 것 같습니다.

애호박의
일생

　　애호박 수확은 큰 이변이 없는 한(그러나 이변은 거의 해마다 일어나고 있습니다) 어제 천 개를 땄으면 오늘도 천 개, 내일도 천 개, 모레도 글피도 천 개를 딴다고 할 수 있습니다. 날마다 따지 않으면 애호박이 너무 커 버려서 팔 수 없게 됩니다. 그뿐만 아니라 수확할 시기가 된 애호박을 따지 않고 내버려두면 호박 줄기가 스스로 그다음에 매달린 어린 애호박을 떨어뜨립니다. 두 개 다 키우기에는 힘이 부치니 호박 편에서는 앞서 키운 녀석을 살리고 뒤에 나오는 녀석을 버리는 거지요. 그러면 농사꾼 편에서는 수확량이 줄어드는 거예요. 농사꾼이 게으름을 피우고 딴짓을 하며 수확기가 지난 애호박을 계속 따지 않으면, 줄기가 말라 버려 아예 농사를 망치게 됩니다.

그래서 날마다 수확해야 합니다. 비바람이 몰아치고 태풍이 불어도, 태풍에 창고 지붕이 날아가도 일단 애호박부터 따고 나서 창고 지붕을 손보는 식입니다.

애호박을 키우는 법

8미터 비닐하우스 파이프를 둥그렇게 구부려서 1.8미터 정도 간격으로 줄 맞춰 꼽으면 폭 4.5미터 높이 2미터 내외의 기다란 비닐하우스 파이프 터널이 만들어집니다. 여기에 나일론으로 만든 망을 씌웁니다. 이렇게 만든 비닐하우스 파이프 터널 안쪽 양 끝 가장자리에 길게 두둑을 만듭니다. 이렇게 하면 밭은 준비 끝.

모판에 애호박 씨를 뿌려서 20~25일 정도면 옮겨 심을 만큼 자랍니다. 다 자란 모를 앞서 만든 두둑에 40~45센티미터 간격으로 심습니다. 모를 옮겨 심으면 뿌리를 내리느라 시들시들해졌다가 살아났다 하면서 고생을 하는데 이를 '모살이한다'고 합니다. 뿌리를 내린 애호박은 금방금방 자랍니다. 농사꾼은 호박 줄기를 망에 묶으며 유인해 올라가게 돕습니다. 호박 줄기가 다 자라면 호박 터널이 만들어지는 거지요.

호박 터널 안쪽으로 외발 수레에 플라스틱 박스를 싣고 쪽가위를 들고 다니며 박스에 따 담습니다. 본 밭에 옮겨 심은 후 40일 무렵부터 수확을 시작해서 첫서리가 내릴 때까지 날마다 땁니다. 애호박은 줄기가 점차 자라면서 발목이나 무릎 부분에 달리다가 자라나는 줄기를 따라 허리 부분, 어깨 부분, '만세 부분'을 지나 다시 어깨, 허리 발목으로 내려갔다가 다시 올라오는 식으로 열매가 달립니다. 보통 만세 부분에 가장 많이 달립니다. 호박 줄기의 세력이 가장 셀 때라서 그렇습니다.

애호박을 우리나라처럼 많이 먹는 나라가 드물다고 하니까 애호박 재배 기술은 우리나라가 세계 최고라고 해도 무리가 없을 테고, 과거 한때 여름철 애호박 시장의 50퍼센트 이상을 점유했던 화천군 간동면의 애호박 재배 기술은 대한민국에서 최고라 할 수 있습니다. 그러니까 오랜 시간 농사꾼들이 시행착오를 거치며 정립해 낸 애호박 재배법은 세계 최고 기술이란 얘깁니다.

밭에서 막 딴 애호박은, 여리고 눈에는 잘 보이지 않는 솜털이 감싸고 있으며 반짝반짝 윤이 나고 매끄럽고 탱글탱글합니다. 피부가 연약해서 호박잎에 스치기만 해도 긁힌 자국이 나고 맨손으로 만지면 손톱자국이 남을 만큼 민감하지요. 대부분 채소가 그렇듯이 애호박도 성분이 대부분 물이라서 수확하는 순간부터 곧장 시들기 시작합니다. 손으로 감싸 쥐었을 때 손아귀를 밀쳐낼 듯이 탱탱하던 녀석이 하루만 지나도 퍼석한 느낌이 들어요. 그러니 한시라도 빨리 포장해서 내보내야 합니다. 따는 순간부터 죽기살기로 시장으로 팔려 나가야 하는 소위 '목숨을 건 도약'을 시작하는 거지요.

정성껏 선별하고 포장합니다

하나에 850원 하는 총천연색 칼라코팅 애호박 포장상자 규격은 가로 45센티미터, 세로 32.5센티미터, 높이 14센티미터이고, 담는 수량은 20개, 무게는 8킬로그램입니다. 포장상자 바닥에 신문지를 깔고 꼭지를 마주 보게 왼쪽 다섯 개, 오른쪽 다섯 개를 넣고, 그 위에 다시 신문지를 깔고 마찬가지로 꼭지를 마주 보게 해서 왼쪽 다섯 개 오른쪽 다섯 개씩 담아 뚜껑을 덮고 투명 테이프로 봉해서 포장 상자에 이름을 쓰고 제품의 품질이

'특'인지 '상'인지 '중'인지 '대'인지 표시합니다.

　같은 '특'이라도 어떻게 선별해서 포장하느냐에 따라 박스당 가격 차가 최대 1~2만 원까지 날 수 있으므로 농사꾼은 아주 신중하게 잘 선별해서 포장합니다. 농사꾼들 사이에선 이런 얘기도 돕니다.

　'도매상인들은 포장하는 사람 바뀐 것도 다 알아차린다.'

　날마다 애호박을 실어내는 홍길동이란 농사꾼이, 어느 날 피치 못할 일이 있어 직접 포장을 못하고 그 집 안식구가 대신 포장해 보내는 일이 있으면, '아, 오늘은 홍길동이 포장 안 하고 다른 사람이 했구나'라고 알아차리고, 만만하게 보고 값을 깎아내린다는 얘깁니다. 믿거나 말거나인데, 농사꾼들 사이에 이런 믿음이 생기는 이유는 단골 거래 때문입니다. 하루 거래하고 마는 게 아니고 날마다 거래하니까 도매상인들이 특정 농사꾼의 물건 상태를 거의 다 파악하고 있다고 볼 수 있습니다. 도매상인 편에서 보면 애호박을 보내는 수많은 농사꾼 중에서 자기 기준에 비교적 잘 맞춰 주는 사람을 골라 그 사람 물건을 계속 사들이는 것인데 어느 날 봤더니 물건 상태가 다르면 값을 내려 정할 수도 있는 겁니다.

　'특'을 정하는 기준은 농가마다 다른데, 좋은 값을 받으려면 애호박 스무 개가 거의 같은 모양, 같은 굵기, 같은 길이라야 합니다. 자연이 만들어 낸 녀석들치고 똑같은 놈은 하나도 없습니다. 농산물이란 게 식물 아닙니까? 생물이지요. 모든 살아 있는 것들의 본질적인 속성은 다양성입니다. 크고 작고 길고 짧고 반듯하고 구부러지고 두껍고 가늘고. 한 나무에 달린 과실도 다 다르고 한 넝쿨로 엮인 뿌리 역시 그렇습니다. 하지만 시장은 늘 반듯하고 적당히 통통하고 적당한 길이를 가진 녀석만 원합니다.

　이제는 없어진 말이 됐지만, 옛날 농사꾼들은 '속박이'란 방식으로 시장을 상대했습니다. 추억의 단어 '속박이'. 하하하. 겉에만 번지르르한 걸

놓고 속에는 작고 바람 들고 못난 것들을 박아 놓는 방식이지요. 캐거나 따 보면 큰 놈도 있고 작은 놈도 있게 마련인데 큰 놈만 먹겠다고 아우성이니, '에라, 엿 먹어라!' 했던 것이 아닐까 짐작해 보는 것인데, 자꾸 웃음이 납니다. 이에 대해 시장 상인들은 농산물 상자의 위를 뜯지 않고 탁 뒤집어서 밑을 뜯는 방식으로 대응합니다. 그러면 농사꾼은 위아래 큰 걸 놓고 가운데 작은 걸 넣어요. 이렇게 저렇게 농사꾼과 장사꾼은 치열한 공방전을 벌여 왔어요.

농사꾼은 따 온 애호박을 하나하나 꺼내며 비스름하게 생긴 녀석들로 스무 개씩 짝을 맞춰 한 상자에 담습니다. 시장이 하라면 해야지 별수 없어요. 그러니 따는 것보다 포장하는 데 시간이 오히려 더 많이 걸립니다. 얼른 포장을 끝내고 포장한 것들을 경운기나 자동차에 싣고 나가서 가락시장으로 가는 차에 실어야 합니다.

날마다 실어냅니다

애호박을 싣고 도매시장으로 가는 차가 있습니다. 주로 가락동 농수산물 도매시장으로 향하고, 일부는 구리 농수산물 도매시장으로 갑니다. 운송비는 한 상자당 얼마씩으로 정하는데, 해마다 봄이 오면 간동면 애호박 작목반 반장들이 간동 농협 2층 회의실에 모여서 결정합니다. 운전하는 분도 동네 사는 분이고 이분이 특별한 이유가 없는 한 바뀌지 않으니까 서로 원만하게 결정합니다. 2012년 애호박 운송비는 상자당 450원입니다.

짐칸에 물건을 많이 실을 수 있게 특수 제작한 철제 지지대를 갖춘 5톤 차가 간동면을 한 바퀴 빙 도는데, 보통 때는 두 대 정도고, 생산량이 많아지는 7월 중순에서 8월 중순 사이에는 두 대나 석 대가 더 돕니다. 우리 마을은 마을회관 옆에 지어 놓은 집하장에서 오전 11시부터 30분 정도 물건을 싣습니다. 시내버스처럼 시간에 맞춰 용호리~유촌리~도송리~오음리~간척리 순으로 한 바퀴 빙 돌아 물건을 다 실은 트럭은 네 시 반 즈음에 서울로 출발해서 오후 7시 전후에 가락시장에 도착합니다.

밤 11시, 경매 시작

우리가 가락시장이라고 이르는 농수산물 도매시장에는 여섯 개의 큰 청과회사가 있습니다. 한국청과, 중앙청과, 서울청과, 대아청과, 동화청과, 농협청과입니다. 농사꾼이 농산물을 가락시장으로 보낸다는 건 이 여섯 청과회사 중 한 곳을 선택해서 자신이 생산한 농산물의 판매를 맡기는 것이고요. 청과회사는 경매사를 고용해서 경매 판을 벌이고, 일정한 자격을 갖춘 도매상인들이 경매에 참여해서 농산물을 사들입니다. 청과회사는 낙찰가의 7퍼센트 정도를 수수료로 받아 회사를 운영하고 이윤을 남깁니다. 도매상인들은 경매로 산 값에 일정한 이윤을 얹어 다음 도매상인이나 소매상인에게 팔아 이윤을 남깁니다.

우리 동네 농사꾼들은 아주 오랫동안 꾸준히 애호박을 한국청과로 보내고 있습니다. 오이맛고추, 꽈리고추, 청양고추, 풋고추, 롱그린고추, 피망, 파프리카 등 고추류와 오이, 애호박, 옥수수, 느타리버섯 등이 경매에 부쳐지는 시간은 밤 열한 시경입니다. 이때, 여섯 청과회사가 동시에 경매를 시작합니다. 서로 다른 시간에 경매를 하면 경매를 하는 의미가 없겠지요?

가락시장에 도착한 애호박은 생산자 별로 죽 늘어섭니다. 김 아무개 애호박 특 38상자, 상 5상자, 이 아무개 애호박 특 72상자, 상 13상자 이런 식으로 무더기로 바닥에 내려놓이는 것이지요. 전국에서 그날 나온 애호박이 밤 열한 시를 전후해서 서울 가락동 가락시장 여섯 개 청과회사 공판장 바닥에 출하자 별로 나뉘어서 죽 늘어서 있는 겁니다.

포장을 뜯어 내용물을 확인할 수 있게 개봉해 주는 사람이 있습니다. 이 사람이 각 출하자의 호박상자를 하나씩 열어놓고 지나갑니다. 김아무개, 이 아무개, 최 아무개… 각각, '특' 한 상자, '상' 한 상자를 열어놓습니다. 잠시 후에 기록원이 기록표를 가지고 물건 상태와 수량 등을 확인하고 기록하며 지나갑니다. 그 뒤를 따라 경매에 참여할 도매상인들이 개봉된 상자의 내용물을 확인하며 지나갑니다. 상자를 뒤적뒤적해서 스무 개가 어떻게 담겼는지 보고, 만져도 보고 물건 상태를 확인합니다. 곧이어 경매 상황을 보여 주는 전광판이 있는 지붕 없는 차를 타고 경매사가 등장합니다.

경매가 시작됩니다. 5초 정도에 한 건씩 경매는 빠르게 진행되고, 도매인들은 김씨 애호박에서 이씨네로, 최씨네, 박씨네로 우르르 몰려가며 경매에 참여합니다. 물건이 촘촘하게 놓여 있어서 복도가 좁으니 몇몇 사람은 아예 애호박 상자 더미 위로 올라가서 뛰다시피 밟고 다니며 경매를 합니다. 처음 볼 때는 경악스럽기까지 합니다. 생산자들은 혹시라도 긁히거나 손톱자국이라도 날까 봐 애지중지 싸 보낸 녀석들인데 막 밟고 뛰어다니니, 이거야 원!

어떤 도매상인은 경매 순서에 따라, 경매가 되고 있는 각각의 물건을 보면서 다른 도매인들과 함께 몰려다니지 않고, 아예 자기가 살 물건을 딱 정해 놓고 거기서 기다리고 있다가, 그 물건 경매 차례가 오면 삽니다. 물건 위에 드러누워 차례가 되기를 기다리기도 하고, 물건 더미에 엉덩이를 깔고 퍼질러 앉아 있기도 합니다. 깔고 앉은 무더기가 자기가 사려는 양보다 적으면, 추가로 살 물건 더미로 다리를 쭉 뻗어 발을 턱 올려놓기도 합니다. '내가 찜한 물건이니까 건들지들 말고 딴 데 가서 알아보셔!' 뭐, 이런 뜻이겠지요.

경매가 끝났습니다. 각 출하자별로 낙찰자와 낙찰가가 정해졌습니다. 애호박 더미는 빠른 속도로 어디론가 사라집니다. 소란스럽고 부산합니다. 잠시라도 한눈팔면 고막을 찢을 듯한 경적소리가 들리거나 누군가와 부딪칩니다. 경매가 끝난 물건더미는 새벽 세 시에 시작할 과일 경매를 위해 재빨리 자리를 비워 줘야 합니다.

열두 시간 뒤, 마을회관 집하장

새벽 해 뜨자마자 밭에 나가, 따 모아서, 정성껏 포장한 애호박 상자를 경운기나 트럭에 싣고, 마을회관 집하장으로 또 실어내러들 나왔습니다. 어제 보낸 애호박이 값이 얼마나 나왔는지 모두 궁금합니다.

지난밤 한국청과 직원은 자정 무렵에 끝난 경매 내역을 정리해서 간동 농협에 팩스로 보냈고, 운송 차량 기사는 아침에 농협에 들러 농협 직원이 복사해 놓은 경매 내역 서류 뭉치를 들고 왔습니다. 농사꾼은 오늘 내놓을 물건을 차에 다 실은 뒤에 서류를 확인합니다.

김 아무개 '특' 38상자 3500원. '상' 5상자 1천 원. 합 13만8천 원.
이 아무개 '특' 72상자 4천 원. '상' 13상자 1500원. 합 30만7500원.

이런 식으로 표에 죽 기록되어 있습니다. 이런 가격은 가상이 아니고 실제입니다. 애호박이 한참 많이 달려서 수확량이 많을 때 이런 값이 나옵니다. 생산비는 아예 빼고 유통비만 계산해 보면 얼추 비슷합니다. 포장상자에 담고 차에 실어 날라 내리고 경매하고 정산하는 비용 정도에 해당하

는 값입니다. 실제 호박 값은 한 푼도 없는 셈입니다.

"어디 보자, 내 거는 얼마나 나왔나?"

아침마다 농사꾼들은 어제 누가 몇 상자를 보내서 얼마를 받았는지 꼼꼼히 확인합니다. 어제와 비교해서 가격 추이가 어떻게 되는지, 물량은 늘고 있는지 줄고 있는지 확인도 하고, 서로 시장 상황이나 작물 상황에 대해 목소리 높여가며 한바탕 토론도 하고, 어느 날은 기분 좋게 낄낄거리며 신이 나서 헤어지기도 합니다. 어느 날은 풀이 죽어 땅이 꺼져라 한숨을 쉬며 점심 먹으러 몰려가기도 합니다.

어제 올라가 지난밤 팔린 애호박 값은 한국청과 이름으로 간동농협에 한꺼번에 입금되고, 농협 직원은 낙찰가의 3퍼센트 정도를 출하 수수료로 공제하고 각 생산자 통장에 입금합니다. 출하한 날로부터 사흘 안에 통장 입금이 완료됩니다.

농사꾼들의 책임은 여기까지

거래는 끝났습니다. 농사꾼들은 여기까지만 책임지면 됩니다. 도매상인이 물건을 직접 보고 자기가 값을 정해서 사고 싶은 만큼 샀기 때문에 판매한 사람에게 어떤 책임도 물을 수 없습니다. 물건이 크다느니 작다느니, 맛이 있다느니 없다느니 물건이 싱싱하다느니 시들었다느니 어떤 뒷소리도 없습니다. 깔끔하게 마무리가 된 것입니다. 일단 거래가 되고 나면 그 뒤에 발생하는 모든 책임은 도매상인 몫이지요. 그리고 경매를 하는 도매시장은 경매에 나온 농산물은 먹을 수 있는 것이면 무조건 다 사야 합니다. 이것은 약속입니다. 농사꾼이 출하한 농산물은 도소매상인 손에서 다시 분류돼 용도에 따라 제 갈 길을 갑니다. 어떤 녀석은 재래시장으로 가고, 어떤 녀석은 밥집으로 가고, 어떤 녀석은 백화점이나 마트로 가는 거지요.

농사꾼 편에서 봤을 때, 사실 이보다 더 좋은 거래 방식은 없습니다. 애써 지은 농산물이 버려지지 않고 쓸모에 따라 쓰이니 참 좋은 일이지요. 이런 거래 관계에서는 농사꾼은 그저 농사만 열심히 잘 지으면 됩니다.

다 좋은데, 딱 하나 너무나 치명적인 결함이 있어요. 보통 시장에 내놓는 모든 물건은 파는 사람이 값을 정하는 것인데, 이 구조에서 농사꾼은 값을 정할 권한이 없습니다. 생산한 농산물에 대해서 끝까지 책임을 지지 않는 데 대한 대가가 너무나 큽니다.

애호박 가격,
그 아찔한
널뛰기

　애호박 가격의 최고 기록은 한 상자 20만 원, 최저 기록은 500원입니다. 한 상자 20만 원은 태풍이 전국을 강타했던 2000년대 초반에 나온 기록적인 가격입니다. 아무리 그래도 그렇지 스무 개들이 애호박 한 상자가 20만 원이라니 말이 돼? 소비자가도 아니고 생산자 가격이 그렇다니! 그렇게 비싼 애호박을 누가 먹어? 그런데 말이 됩니다. 볼까요?

　휘황찬란한 백화점 전체 매출에서 애호박이 차지하는 비율이 얼마나 될까요? 이런 거 묻는 사람은 아마 저밖에 없을 것이므로 당연히 알려진 어떤 통계자료도 없습니다. 채소는 보통 이렇게 하찮은 겁니다. 그런데 그게 문제입니다. 애호박이 판매대에 진열돼 있지 않으면 큰일 나는 겁니다.

혹시라도 없으면 백화점이 순식간에 '애호박도 없는 형편없는 백화점'이 돼 버리는 거예요. 그러니 절대로 없어서는 안 되지요. 하찮기 때문에 절대 없어서는 안 됩니다. 역설적인 이야기죠. 백화점에 100캐럿짜리 다이아몬드는 없어도 되지만 평소에 개당 천 원 정도밖에 안 하는 애호박은 없어서는 안 된단 말입니다. 이를 '결품'이라고 하는데, 애호박 결품이 생기면 '밴더'라고 하는 납품업자는 바로 잘립니다. 얼마가 됐든 물건 잡아다가 채워놓아야 해요.

태풍이 호박밭을 뒤흔들고 지나가고 비가 억수같이 쏟아지면 호박이 거의 달리지 않습니다. 바람은 이제 막 맺힌 어린 호박을 다 떨어뜨리고, 연일 계속되는 비가 수정을 가로막기 때문입니다. 호박꽃이 물을 가득 담고 있다가 털썩 떨어져 버립니다. 하루 평균 애호박 400개 정도를 따던 천 평 밭에서 너덧 개를 따거나 아예 하나도 못 따기도 합니다. 때맞춰 가격은 폭등하고, 애호박이 남아돌아 산지에서 따서 속절없이 버릴 때는 잠잠하던 언론이 농산물 가격 급등을 호들갑스럽게 떠들어 대기 시작합니다. 대통령까지 나서서 농산물 가격 안정을 지시합니다. 도매상인들한테 값 못 올리게 압력이 들어갑니다.

보통 농사꾼이 농사지으면서 겪는 어려움은 크게 네 가지입니다. 첫째는 산지 가격 하락입니다. 풍년이면 값이 폭락합니다. 애호박 한 상자 500원은 그래서 나옵니다. 운송비는 고사하고 박스값만 850원인데 한 상자 500원이면 말 다한 거죠. 이런 탓에 애호박을 다 따서 그냥 버리거나 아예 밭을 갈아엎는 거지요. 두 번째는 생산량 감소입니다. 가격이 일정하게 고정되어 있는데 생산량이 줄어들면 소득이 그만큼 적어지지요. 그다음이 생산비 상승, 네 번째는 금리 변동으로 인한 금융비용 상승입니다.

가락시장은 두 번째 위험을 보완하는 시스템입니다. 생산량이 줄어들면 값이 올라 그만큼 보상해 줍니다. 흉년 들면 흥하고 풍년 들면 망하는 시스템이라 할 수 있습니다. 생협은 첫 번째 위험을 보완합니다. 가격 등락이 없기 때문에 일정한 가격으로 안정된 소득을 올릴 수 있습니다. 그런데 문제는 둘 다 반쪽짜리 시스템이란 거지요.

시장은 물건이 남아서 생기는 가격 폭락에 대한 대책이 전혀 없고, 생협은 생산량이 적을 경우 농사꾼의 소득 보전 대책이 없습니다. 게다가 요즘은 생협 '소비자'들이 시장 가격이 쌀 때는 시장으로 몰려가고, 시장 가격이 오르면 생협으로 몰려와서 나지 않는 물건을 내놓으라고 아우성을 칩니다. 농사꾼의 위험을 소비자의 이익으로 전환시키는 '영악한 지혜'라고 해야 할까요?

농사꾼의 피땀 밴 추석 채소

채소는 생산량이 들쭉날쭉합니다. 그게 원래 그래요. 수확량 차이가 날씨나 기후에 따라서 엄청나게 큽니다. 기후 조건이 갑자기 안 좋아지면 수확량은 백분의 일, 5백분의 일로 확 줄어 버립니다. 아무리 계획적으로 생산한다고 해도 한계가 있습니다. 끊이지 않고 안정적으로 공급하기 위해서는 평상시 필요한 양의 최고 수백 배, 혹은 그 이상을 심어야 그게 가능합니다. 40~50퍼센트 정도의 결품은 수시로 일어날 수 있어요. 결품이 안 생기는 게 오히려 이상한 거지요. 결품이 안 생긴다는 거는 무슨 말이냐 하면 어디선가 농사꾼들이 피눈물 흘리고 있다는 얘기예요. 당연한 거 아니겠어요? 필요한 양보다 훨씬 많이 심어야 하는데, 그렇게 많이 심은 걸 평상시에 결코 다 소비할 수 없잖아요? 그 많은 걸 다 팔 수 없으니 농사꾼이 그걸 어떻게 하겠어요? 화나는데 그냥 혼자 다 먹어 버릴까요?

추석이 9월 중순쯤에 있으면 모든 채소와 과일값이 다 비쌉니다. 과일은 아직 다 여물지 않아서 그렇고 채소는 때맞춰 심지 못했기 때문입니다. 예를 들면 우리가 흔히 먹는 포기배추는 고온기의 경우 파종부터 수확까지 보통 65~70일 정도 걸립니다. 9월 15일쯤 소비자에게 전달하려면 9월 10일경엔 수확해야 합니다. 7월 5일쯤 파종해서 모를 길러 7월 20~25일 쯤에 심어야 하지요. 7월 20일이 뭐 하는 땐가요? 그렇죠. 휴가철입니다. 무더위가 최고 절정에 이르렀을 때입니다. 시시때때로 강한 비가 쏟아지고요.

이런 때는 밭을 갈고 두둑을 짓기 어려워요. 밭 흙이 젖어 있어서 힘들기도 하고, 농사꾼도 사람인지라 한낮 땡볕에 기계 몰고 나가서 질척거리는 밭에서 일하려면 거의 초인적인 인내심이 필요해요. 게다가 어린 배추는 연약하기 짝이 없어요. 한낮 땡볕에 타고 강한 비에 녹아 버립니다. 그러니 9월 중순쯤에 배추가 있다는 게 오히려 이상한 거예요. 옛날에는 그래서 포기배추 대신 얼갈이배추를 먹었어요. 얼갈이배추는 잎이 몇 개 안 되는, 재배 기간이 아주 짧은 배추지요. 이런 현상은 고랭지배추가 등장하면서 사라져 버렸죠. 고랭지배추 재배는 아슬아슬한 곡예 같은 농사예요. 제초제나 화학비료, 농약의 도움 없이는 짓기 어렵습니다. 무나 배추는 더위가 한풀 가신 후에 점점 날이 추워져야 제대로 자라요. 그래서 이때의 김장배추가 가장 맛이 좋고, 가을 무는 산삼보다 낫다는 말이 나온 겁니다. 그런데 유기농 소비자들은 추석 때쯤엔 당연히 유기농 배추가 있어야 한다고 생각해요. 유기농으로 지어서 추석에 배추를 공급하려면 고랭지에서 재배해야 하고요, 일반적인 수확량의 10퍼센트 이하로 수확한다는 각

오를 해야 합니다. 사실은 전혀 수확하지 못할 때가 많아요. 추석 필수품인 시금치도 똑같습니다.

양상추나 브로콜리 같은 채소도 마찬가지예요. 파종부터 수확까지 날씨와 품종에 따라 길게는 120일, 짧게는 95일 정도 걸립니다. 수확할 시점을 정하고 역산해서 파종하는데, 봄 재배는 아무리 늦게 한다고 해도 7월 10일 이전에는 수확을 마쳐야 해요. 고랭지도 마찬가지입니다. 날이 뜨거워지고 비가 오면 땅과 맞닿은 부분부터 썩어요. 뜨끈뜨끈해서 금방 물러 버립니다. 이때부터 수확이 아예 없어요. 그런데 공급은 끊이지 않게 계속해야 합니다. 소비자들은 계속 끊이지 않고 먹길 원하니까요. 저온저장고에 넣어 놓고 조금씩 꺼내서 보내는데, 8월 중순이나 하순쯤이면 다 떨어져요. 양상추나 브로콜리 가격이 가장 비쌀 때가 8월 말부터 9월 초까지예요.

물건이 다 떨어질 걸 대비해서 다시 심었어야지 하고 질책할지도 모르겠습니다. 맞습니다. 물론 또 심었지요. 하지만 수확 가능한 시기는 아무리 빨라야 9월 중순이에요. 7월 말부터 8월 15일까지의 폭염과 비, 그리고 엄청난 습도를 이겨 내려면, 반드시 고랭지에서, 6월 초에 파종해서 재배하는 방법밖엔 없습니다. 고랭지를 뺀 나머지 지역에서는 이맘때 생산하는 것 자체가 아예 불가능합니다. 고랭지라고 다 되는 것도 아닙니다. 날씨가 도와줘야 9월 중순에 수확을 할 수 있지요. 비가 계속 죽죽 내리면 장사 없습니다. 조금도 수확 못하고 폐농하고 말지요. 고온 다습하며 폭염이 내리쬐고 장마철이 끼어 있는 나라에서 채소를 끊이지 않게 공급하는 건 정말 어려운 일입니다.

중간상인,
유통기한의
해결사

    농산물 도매업은 전문직입니다. 도매상인은 전문가입니다. 가을에 무를 싣고 도매시장에 가면 경매 시작 전에 도매상인들이 트럭 짐칸에 산더미처럼 쌓아 올린 무 더미 위로 올라가 뒤적거려서 무를 한 개 꺼냅니다. 칼로 자르면 바람이 들어 있어요. 우리 농사꾼들 눈으로 보면 멀쩡한 무고 겉으로 봐서는 다른 것들과 아무 차이가 없는데 도매상인이 꺼낸 무는 바람이 들어 있어요.

    "봐라, 네가 가지고 온 무는 이렇게 흠이 많다. 그러니 내가 매기는 값에 토 달지 말라"는 엄포인 셈입니다. 그러니 아무리 우락부락한 농사꾼이라도 도매상인 앞에서는 순한 소처럼 찍소리 못합니다.

애호박의 유통기한은 아무리 길게 잡아도 수확 직후부터 최종 소비까지 닷새입니다. 정말 길게 잡은 겁니다. 아침에 따서 그날 밤에 경매했으니까 하루 까먹었고요, 경매된 물건이 판매대 위에 오르거나, 시장 아주머니들 바구니에 담기거나, 음식점 주방 도마 위에 오르는 건 그 다음 날 아침이겠죠? 자정 무렵부터 아침 사이, 그 짧은 시간 안에 물건은 최종 종착점에 닿아야 합니다. 가락시장에서 경매된 물건은 서울에서만 소비되는 게 아니고 전국으로 다시 흩어져 나갑니다. 화천에서 수확한 애호박은 가락시장으로 갔다가 다시 춘천 번개시장으로도 오고, 전주 남부시장으로 가고 전국에 있는 마트나 식당, 호텔 주방 등으로 이동합니다. 가락시장 도매상인 혼자서 그 짧은 시간에 이 일을 다 할 수 있을까요? 할 수도 있겠지만, 일주일도 안돼 파산할 겁니다. 고정 비용이나 유지 비용이 너무 많이 들 거예요.

식당 주인 쪽에서 보면 어떨까요? 상당히 많은 여러 종류의 농산물이 날마다 필요할 텐데 이 재료를 누군가 잘 챙겨서 식당에 넣어 주는 것하고 주인이 이런 물건을 사러 여기저기 돌아다니는 것하고 어느 편이 효율적이고 편리할까요?

도매상인들은 그 존재 이유가 있다고 볼 수 있습니다. 여러 단계의 중간상인이 있고, 그것이 업으로 확립돼 있다는 건, 그게 효율적이기 때문이라고 생각할 수 있어요. 억지로 인위적으로 만든 것이 아니고 저절로 생겨났다고 하면, 없는 것보다 있는 편이 이익이기 때문인 거지요.

우리 언론은 농산물값이 폭등하기만 하면 우선 중간상인들부터 도마에 올리곤 하는데요, 이는 학교 폭력이 만화나 게임 때문이라고 하는 것과 비슷합니다. 희생양을 만들어 위기를 모면하려는 일종의 마녀사냥이라고 생각합니다. 중간상인들은 어찌 보면 농사꾼들과 동고동락하는 가장 가까운 동업자입니다. 한배를 타고 같이 가는 사업 파트너인 셈이지요. 이런 전제 위에서라야 유통 합리화의 해법이 나올 텐데요, 정부의 유통 합리화 정책이 십수 년째 아무 성과가 없는 이유는 이런 사실을 인정하지 않는 데 있지 않나 싶어요.

일단 시장으로 유입된 농산물은 촌각을 다투며 소비자를 향해 달려갑니다. 정해진 짧은 시간 안에 소비자에게 가 닿지 못하면 먹지 못한 채 폐기됩니다. 여러 단계의 중간상인들은 농사꾼과 소비자 사이에서 분초를 다투며, 릴레이 경주하듯이 필사적으로 자기 몫의 구간을 달리는 사람들입니다. 좁은 눈으로 봤을 때는 농사꾼과 중간상인이 이익을 놓고 다투는 경쟁 관계로 보일지 모르지만 조금만 크게 보면 둘은 떼려야 뗄 수 없는 동업자 관계라 할 수 있습니다.

유통기한을 늘리는 방법

소매상인은 스무 개들이 애호박 한 상자를 받으면 재빨리 일곱 개를 팔아 원금을 회수해야 합니다. 일곱 개를 더 팔면 수지맞는 거고, 나머지 여섯 개까지 다 팔게 된다면 대박이지요. 그렇지 않겠어요? 그대로 두면 금세 상해서 버려야 하는데 다 팔았으니 이익이 많이 남는 거지요. 이런 이유로 생산자 가격과 소비자 가격이 당연히 차이가 날 수밖에 없어요. 파는 사람도 손해를 보면 안 되잖아요.

잘 저장했다가 팔면 되지 않을까요? 맞습니다. 지금까지 많은 사람들이 여러 방법으로 저장을 시도했지만 실패했습니다. 애호박은 저장이 안 돼요. 속부터 물러져서 먹을 수 없게 됩니다. 애호박 저장 방법을 맨 처음 찾아내는 사람은 아마 큰 부자가 되겠죠. 쌀 때 사서 저장했다가 비쌀 때

팔면 엄청난 이득을 볼 수 있으니까요. 어떤 방법이 있을까요? 약품 처리하는 방법도 있겠죠. 호박 따다가 방부제에 푹 절이면 되지 않을까요? 이런 방법을 '수확 후 농약 살포'라 하는데, 수입해 오는 농산물에는 허용이 되지만 우리 채소는 절대 안 됩니다.

그래서 사람들이 생각해 낸 방법이 비닐을 씌우는 겁니다. 수정이 끝난 손가락 길이만 한 작은 애호박에 비닐 튜브를 미리 씌워 놓으면 호박이 자라면서 비닐과 밀착됩니다. 빵빵하게 비닐 속을 꽉 채우면 수확합니다. 이렇게 키운 걸 '인큐베이팅'과 비슷하다고 해서 '인큐 애호박'이라 해요. 이 녀석은 저온 저장할 경우 열흘에서 보름 정도 갑니다. 획기적인 일이지요.

처음엔 높은 값을 받았어요. 가격이 좋으니까 사람들이 다 따라 합니다. 그렇게 해서 애호박은 거의 다 인큐 애호박이 됐습니다. 결과는? 값은 제자리로 돌아왔고 농사꾼들은 일만 하나 늘었습니다.

두 팔을 뻗어서 닿을락 말락 하는 데에 달린 어린 애호박에 비닐 튜브를 씌우는 노동은 정말 비인간적입니다. 날마다 하루 네댓 시간씩 그러고 있으면, 생각해 보세요. 목이 아파 견디겠어요? 그런데 이제 이 일을 안 하면 값을 안 쳐 주니까 농사꾼들이 어쩔 수 없이 울며 겨자 먹기로 합니다. 상황은 언제나 이런 식으로 나빠집니다. 농약이나 화학비료가 보편화된 것도 이런 과정을 밟아서였겠지요.

농산물은 저장이 큰 골칫거리입니다. 수입 곡물은 더 하겠죠. 예컨대 밀이나 감자를 미국에서 배에 싣고 우리나라까지 오려면 적도 부근을 지나게 되는데 습도가 높고 기온이 높아요. 이런 조건이 되면 곡식에 싹이 납니다. 벌레가 생기고 썩기도 하지요. 아무리 단단한 땅이라도 뚫고 나올 만큼 막강한 생명력을 가진 새싹을, 못 나오게 억제하려면 얼마나 독한 약품 처리를 해야겠어요? 실제로 1989년에 인천항에서 밀을 배에서 내리던

인부가 한 사람은 즉사하고 네 사람은 졸도하는 사건이 벌어지기도 했습니다. 요즘은 어떨까요? 듣기로는 방사선을 쐰다고 합니다. 일본의 부서진 원전에서 뿜어내는 그 방사능입니다. 명줄을 완전히 끊어 놓습니다. 싹도 안 나고 벌레도 안 생기고 썩지도 않습니다.

유기농산물은
샛길로
간다

　가락시장으로 가지 않는 유기농산물들은 어떤 과정을 거쳐 소비자에게로 갈까요? 마트, 쇼핑센터 같은 소매점 유기농 코너로 직접 거래되기도 하지만, 농사꾼들로 구성된 생산자조합과 도시 소비자들로 구성된 생협(생활협동조합)이 아무래도 유기농산물 유통의 정통성을 가졌다고 할 수 있겠지요. 이를 자세히 알기 위해선 생활협동조합이나 영농조합과 같은 조합에 대한 기본을 알아야 합니다.

생산자조합, 영농조합

제 경우는 다음과 같습니다. 아침 일찍 수확하고 선별하고 포장해서 차에 실어 보내는 건 똑같아요. 차는 가락시장 대신 영농조합 물류창고로 갑니다. 우리 조합은 농사꾼 열여섯 명이 공동으로 출자하고 공동으로 운영하는 영농조합입니다. 영농조합은 법인으로, 일반 기업과 같은 법인격을 갖습니다. 법인격이어야 통장 개설이나 농지 구입 같은 금융 거래나 계약, 등기 들이 가능하기 때문이죠. 우리 단체의 정확한 명칭은 '영농조합법인 강원유기농'입니다. 우리 조합에는 사무실과 소포장실, 저온저장고, 창고 등이 있습니다. 커다란 냉장차도 있고 차를 운전하는 기사도 있습니다. 사무를 총괄하는 사무국장이 있고 회계 관리하는 총무, 소포장과 거래처 관리하는 관리 직원도 있고요. 소포장실에서는 인근에 사시는 아주머니 서너 분이 근무합니다.

관리 책임 일꾼과 아주머니들은 상자에 담겨 온 수십 가지 농산물을 다시 꺼내서 각각 기준에 맞춰 작은 봉지에 포장하는 작업을 합니다. 날이 궂고 주문이 많을 때는 전쟁터를 방불케 해요. 신속하고 정확하게 해야 하기 때문입니다. 늦어도 오후 1시까지는 생협 물류센터에서 온 냉장차에 소포장한 물품을 실어 줘야 해요. 일정한 기준에 맞춰 작은 봉지에 포장된 물품은 다시 차에 실려 생활협동조합 물류센터로 갑니다. 아무리 늦어도 오후 4시까지는 도착해야 하기 때문이지요.

전국 각지에서 달려온 농산물과 가공식품이 모인 물류센터에서 다시 한 번 분류됩니다. 각각 품목별로 포장된 물품이 이제는 최종 목적지에 따라 다시 나뉩니다. 길고 긴 컨베이어 벨트를 따라 각 물품이 늘어섭니다. 각 물품 옆에는 사람이 서 있고요. 컨베이어 벨트 위로 포장 상자가 지나

가면서 상자에 담겨야 할 물건 앞에서 물품에 신호를 보냅니다. 신호등의 신호를 받은 물품을 그 물품 옆에 서 있던 사람이 집어서 포장 상자에 담습니다. 이런 방식으로 품목별로 담겨 있던 물품이 목적지별로 다시 다 나뉘어 담깁니다. 물품의 분류가 끝나면, 포장 상자는 차에 실려 각 지역 생협 매장으로 갑니다.

강원도 화천 산골짜기에서 새벽에 수확한 농산물이 늦어도 다음 날 아침이면 서울에서 소비자 조합원을 만납니다. 엄청난 속도죠. 이런 속도를 감당하기 위해서 많은 사람이 얽히고설켜 있습니다.

우리 영농조합은 연 매출 15억 원이 채 안 되는 작은 회사입니다. 그러나 일반 기업이나 회사와 달리 영리를 목적으로 하지 않습니다. 조합원들이 생산한 농산물을 판매하기 위한 방편일 뿐이지요. 소비자들도 영농조합에 대해서는 조금 더 자세히 알 필요가 있습니다. 영농조합이나 생활협동조합이나 다 어차피 같은 조합이니까요. 영농조합을 이해하는 게 결국 생협을 이해하는 것입니다.

이윤 없는 가게, 생활협동조합

노동조합이나 신용협동조합, 농민협동조합, 소비자협동조합, 주택협동조합 등은 누가 뭘 하려는 것인지 이름만으로도 짐작이 되는데, 생활협동조합은 이름만 보아서는 뭔지 잘 모릅니다. 생활이란 말은 범위가 너무 넓어서 이름만으로는 종잡을 수가 없는 거지요. 유기농산물 판매하는 체인점 정도라고 생각하는 사람들도 있습니다. 하지만 생활협동조합은 엄밀하게 따지면 소비자협동조합이 아닙니다. 조합원들이 공동구매하는 물품이 농산물이기 때문이에요. 소비자들이 자신들의 권리와 이익을 최대화하려 하면 할수록 생산자인 농사꾼은 점점 힘들어지기 때문입니다. 공산품은 대량 구입으로 덤핑이 가능하지만, 농산물은 그렇지 않습니다.

1990년대 말쯤에 시골로 올 준비를 했던 저는 운 좋게도 비교적 일찍 생활협동조합을 알게 되었습니다. 그래서 초기 생협운동을 직접 겪었습니다. 수원에 살 때 한살림 소비자였고, 경실련 '정농생활협동조합' 소식지를 만드는 일도 했고, 춘천으로 와서는 '춘천생활협동조합'을 만드는 실무를 맡아 조합원들과 함께 생활협동조합을 설립하기도 했어요.

생활협동조합에 대해서 잘 정리된 이론 같은 건 만난 적이 없습니다. 대신 사람들을 만나 이 소리 저 소리 주워들으면서 배웠습니다.

생협은 유기농업을 하고자 하는 농사꾼들이 생산한 농산물을 도시 소비자들과 나누기 위해 시작되었습니다. 그리고 또 거꾸로 도시 소비자들 역시 유기농산물을 안정적으로 사 먹기 위해 시작했습니다. 농사꾼이나 소비자나 이 일을 하기 위해 큰 대가를 치러야 했어요. 농사꾼은 농약이나 화학비료나 제초제 같은 영농자재의 도움 없이 힘겹게 농사를 지어야 했지요. 퇴비를 만들어 뿌리고, 병충해와 원시적인 방법으로 싸우며, 끝없이 자라 올라오는 풀을 몸 노동으로 감당해야 했습니다. 한 품목을 전문으로 짓는 손쉬움을 버리고, 소비자의 밥상을 책임지기 위해 여러 종류의 농산물을 심었습니다. 이런 농사꾼을 주변에서는 손가락질하고 미친 짓이라고 욕하기도 했죠. 생산한 농산물은 볼품없고 양도 적었고요. 도시 소비자는 이런 볼품없는 농산물을 큰돈 내고 샀습니다. 큰 감자 하나 깎으면 될 걸 작은 감자 네댓 개씩 깎아야 하는 불편은 덤으로 따라붙었습니다. 식단을 짜서 미리 주문을 해야 했고, 싣고 온 농산물은 소비자들이 모여서 나누었지요. 나눔에 들어가는 비용을 추렴해서 운영하고 부족하면 더 내기도 했고요. 아무리 주문해도 오지 않는 물품은 아쉽지만 어쩔 수 없었습니다.

내가 못 먹는 고통보다 농사를 망친 농사꾼의 고통이 더 클 것으로 생각하고 오히려 위로하는 마음으로 지냈습니다. 일반적인 시장 원리로는 공감할 수 없는 짓을 서로 시작한 것이지요.

협동과 연대라고도 했고, '얼굴이 보이는 농산물 직거래'라고도 했고, 농사꾼은 소비자의 안전한 밥상을 책임지고 도시 소비자는 농사꾼의 살림을 책임지는 방식이라고도 했습니다. 서로의 권리가 아니라 책임을 강조하는 일종의 사회운동 성격을 띠었던 거지요.

소비자와 생산자들의 극단적인 불편은 1990년대 후반을 지나 2000년대로 접어들면서 완화되었습니다. 작고 많지는 않지만 늘 살 수 있는 가게가 생겼고 나눔을 전담하는 실무자들이 생겼어요. 더불어 점차 전문성을 키워 갔습니다. 때맞춰 웰빙 바람이 불었고 유기농산물을 찾는 소비자가 늘어났습니다. 소비자 생활협동조합법이 제정되어 제도의 뒷받침을 받을 수 있게 되었고요. 농사꾼들 역시 친환경농업육성법이 제정돼 정부의 지원을 받게 되었습니다. 아주 짧은 시간 동안 농사꾼과 소비자가 10배 가까이 엄청나게 늘어났습니다. 호황을 누렸습니다. 그러나 급격한 성장은 위험을 안고 있습니다. 갑자기 자라 버린 농산물은 허약해져 병충해를 쉽게 입습니다. 생협 역시 서로의 책임보다는 권리를 앞세우는 풍토로 바뀌어 버렸습니다. 자연과 사회와 인간에 대한 책임으로 시작한 생활협동 운동이, 시장 원리에 맞추어 소비자의 권리를 우선하는 소비자협동조합 형태로 변모하면서 다시 농사꾼은 소외되어 가고 있는 것 같습니다.

샛길이 막다른 길이 되지 않으려면

유기농사꾼과 도시 소비자들은 그동안 비교적 손발을 잘 맞춰 왔습니다. 소비자가 미리 주문하고 농사꾼은 주문량에 맞춰 납품하는 방식이었지요. 전체 소비자가 자신이 먹을 농산물을 미리 주문하는 형태로, 농산물 유통에 직접 참여했던 겁니다. 이렇게 하면 유통기간이 짧은 채소는 심리적으로나 경제적으로 큰 이익입니다. 실무자는 갖다 놓은 채소를 어서 팔아 치워야 한다는 압박을 받지 않아도 되고, 재래시장 상인처럼 일곱 개 팔아 스무 개 값을 미리 벌어 놔야 하는 부담도 없습니다. 이렇게 생협 소비자들은 스스로 참여하는 계획소비를 함으로써 손실을 최소화하면서 그렇지 않아도 비싸고 드문 유기농산물 값이 더 비싸지지 않게 하려고 애썼죠. 벌레 먹고 못생긴 농산물뿐만 아니라, 농사가 잘 안돼서 양이 부족해도 소비자들이 이해했고, 풍년이 들어서 농산물이 넘칠 때는 기꺼이 더 사 주었습니다. 조합 경영에도 깊은 관심을 두고 참여했습니다. 적자가 나면, 즉 충분한 조합 운영비가 확보되지 않을 때는 지갑을 열어 손실을 보충하기도 했습니다. 그러나 얼마 안가 웰빙 바람을 타고 조금이라도 더 자신에게 이로운 소비를 하겠다고 몰려온 사람들, 농사나 농민이나 농업을 생각해 볼 마음은 조금도 없이 그저 내 생각만 하는 '스마트'한 소비자들이 몰려왔습니다.

    일반 시장은 물론, 이 생협과 저 생협을 비교해서 이익이 되는 선택만 골라 하는 똑똑한 소비자가 늘어남에 따라, 소비자들의 입맛에 맞는 '규격을 갖춘' 농산물을 생산해 달라는 압박이 거세지고 있습니다.

    유기농사꾼들한테 크고 반듯하고 흠 없는 농산물을 달라고 하는 건, 말하자면 퇴비나 유기질 비료를 팍팍 치란 얘기이고, 여러 작목 골고루 재배할 생각하지 말고 단작으로 '전문성'을 키우란 얘기입니다. 소위 유기농자재로 쓰이는 천연 추출물로 만든 천연 약재를 유기 합성농약 치듯이 팍팍 치란 얘기로 들리기도 합니다. 농사꾼 처지에서는 그러지 않고서는 수지를 맞출 수 없습니다. 앞서 얘기한 것처럼 농산물의 크기와 모양은 들쭉날쭉하기 마련인데 크기와 모양이 고른 농산물만 골라서 내놓으려면, 영양 과다 상태를 만들지 않으면 안 됩니다. 또한 전문성을 높이기 위한 단작화는, 여러 작물을 고루 심고, 섞어 심고, 이어 심고, 돌려 심어 땅의 활용도를 높이고 병해충을 예방하고 땅심을 유지할 수 있는 작부(作付) 체계를 포기하는 것입니다. 이는 곧 유기농을 포기하는 것이나 다름이 없습니다. 농산물의 모양과 크기에 대한 소비자들의 지나친 요구는 그래서 부당하며 유기농을 망치는 일입니다.

애호박
농사로
먹고살 만합니까?

애호박 농사 지으면서 콩도 심고, 감자도 심고, 옥수수, 고추 등등 다양하게 심습니다. 물론 벼농사도 짓고요. 주 소득원이 애호박이란 것이지 우리 지역 농가가 애호박만 심는 건 아닙니다.

애호박 농사는 고정 일꾼을 고용하지 않고 부부가 경작하는 걸 기준으로 할 때, 최대 재배면적은 약 3천 평, 1헥타르 정도가 한계인 듯합니다. 하루도 빠짐없이 따고 포장해서 내놓으면서 작물을 관리한다는 게 보통 일이 아닙니다. 새벽 네 시 반쯤 일 시작해서 오후 서너 시나 돼야 그날 첫 밥 숟가락을 뜨는 정도의 노동 강도를 견딜 수 있어야 애호박 3천 평을 지어낼 수 있어요. 날마다 내놓아야 하는 채소 농사는 노동집약적이고 기술집

약의 농사이고, 고투입, 고위험, 고소득 작목에 속합니다.

벼농사는 채소 농사에 비하면 거저먹는 거나 다름이 없지만 바로 그래서 소득이 별 볼 일 없습니다. 그렇다고 소득을 올릴 수 있는 농산물을 심자면 감당할 수 없을 만큼의 노동력이 필요합니다. 그렇기 때문에 벼농사와 채소농사를 적절히 나눠서 자기 힘에 맞게 품목과 면적을 조절합니다. 욕심이 지나치면 이 농사 저 농사 다 손이 못 미쳐서 망하기 십상이고, 망하지 않기 위해 발버둥을 치다가 농사는 농사대로 안 되고 건강까지 해칠 수 있습니다. 농사꾼들은 오랜 경험과 시행착오를 겪어서 확립한 적정선을 유지합니다. 그래서 쉽게 농사 형태를 바꾸지 않습니다. 정말 어쩔 수 없을 때만 바꾸는 거지요. 저희도 여러 작물을 골고루 잘 나눠서 농사짓기 때문에 먹고살 만은 합니다만, 저희 같은 농사꾼을 힘들게 하는 것은 농사짓는 일 곳곳에 숨어 있습니다.

농약에 대한 농사꾼의 단상

보통 채소에서 농약이 검출되는 경우는 비닐하우스에서 재배했을 때입니다. 비로 씻겨 내려가지 않은 농약 성분이 채소에 묻은 채로 나온 것이지요. 비닐하우스 재배는 재배하기 어려운 시기에 채소를 재배하느라 농약을 자주 뿌립니다. 농약을 뿌리고 일정 시간이 지난 뒤 수확해야 하는데 이를 지키지 않는 경우가 가끔 있습니다. 채소에서 농약이 검출되는 것은 이 때문입니다. 재배 채소는 좀 더 주의를 기울여야 하지만, 대부분 채소는 잘 씻어 먹으면 그리 큰 문제는 없습니다. 가락시장에서도 기준치를 정해 놓고 늘 검사합니다.

농약은 정말 위험한 것일까요? 방사능보다야 낫겠지만 분명 몸에 유익한 건 아니겠지요. 아무리 유익하지 않다고 하더라도 농약을 쳐야 농사짓기가 가능한 것이 엄연한 현실이기도 합니다. 농약 없이 농사짓기는 정말 힘든 일입니다. 그런데 이런 농약에 해를 당한다면 누가 가장 큰 피해를 당할까요? 농약이 축적되는 논일까요? 농약이 묻은 채소를 먹는 소비자들일까요? 그 누구도 피해를 당하지 않기를 바라지만 그래도 피해가 있다면, 가장 큰 피해자는 농사꾼일 겁니다. 직접 농약을 치기 때문입니다.

농약을 뿌리면서 코나 입으로 직접 들이마시며, 심지어 피부로도 농약이 흡수됩니다. 만일 농약이 문제가 된다면 농약으로부터 먼저 구해야 할 사람은 소비자가 아니라 농사꾼일 겁니다.

애호박만 놓고 말하자면 막 자라기 시작하는 봄이나 선선해지는 가을에는 병충해가 많지 않아요. 온도와 습도가 높아 애호박이 빠르게 성장하는 한여름에 병도 많고 벌레도 많아집니다. 애호박을 기르는 농사꾼은 대부분 한여름 오후 네댓 시쯤에 농약을 칩니다. 농약병에는 비옷을 입고 마스크를 쓰고 장갑을 끼고 바람을 등지고 안전하게 살포하라고 돼 있습니다.

밭에 나가서 아무 짓도 안 하고 그냥 가만히 서 있기만 해도 온몸 땀구멍이 다 열려서 비지땀이 나고 땀방울이 뭉쳐서 줄줄 흐릅니다. 바람은 이리 불었다가 저리 불었다가 제 맘대로 붑니다. 그런데 비옷 입고 마스크 쓰고 장갑 끼고 바람을 등지고 안전하게 농약 살포하는 사람, 아직 못 봤습니다. 몸에 묻고 입으로 들어가고 숨으로 마시고 난리도 아닙니다.

채소나 과일 농사꾼은 주기적으로 농약을 칩니다. 주기적으로 농약을 치는 건 약효가 지속되지 않기 때문입니다. 일부 분해되지 않고 축적되어 생태계에 해를 미치는 성분이 있을 테지만, 농약은 대부분은 자연 상태에서 분해되며, 수용성이라서 물에 씻겨 내려갑니다.

제가 이런 얘기를 하는 건 농약이 좋다고 하려는 게 아닙니다. 농약에 대한 소비자들의 민감한 반응 때문입니다. 농산물에 어느 정도 농약이 있는 건 우리 농업 환경에서는 어쩔 수 없는 면이 있습니다. 그보다는 이런 걱정에 앞서 농약을 뒤집어써 가며 농사를 짓는 농사꾼을 조금이라도 이해해 주기를 당부하고 싶을 따름입니다.

'지역 물건' 유통의 어려움

비록 며칠 정도지만, 저는 제가 농사지은 브로콜리를 들고 춘천 애막골 아침시장에 나가 노점상도 해 봤고요, 춘천 번개시장(새벽에만 장이 섰다가 번개처럼 사라진다 해서 번개시장)에도 나가 봤습니다. 동네 분들과 함께 무나 총각무를 팔러 나가기도 했지요. 저 같은 얼치기 초보 농사꾼이 팔 데가 없어서 직접 물건을 팔러 나갔다는 건 무슨 얘기인가요? 그렇지요, 풍년이란 얘깁니다. 농산물이 흔해서 팔기 어려울 때였습니다.

번개시장에서 도매와 소매를 동시에 하는 가게 아주머니들은 물건을 넘기려고 몇 마디 물어보던 우리의 질문을 단칼에 잘랐습니다.

"우린 지역 물건 취급 안 해요."

저는 무슨 말인지 말귀를 못 알아먹고 몇 차례나 같은 질문을 했습니다.

"지역 물건이요?"

속으로 중얼거렸습니다.

'대체 지역에서 나지 않은 농산물이 어디 있느냐고요? 수입한 농산물만 판단 말이에요?'

몇 차례 더 질문이 오가고 나서야 말귀를 알아먹었습니다. 아주머니 얘기는 무슨 소리냐면 가락시장이나 구리시장을 거치지 않은 농산물이 지역 물건이란 겁니다. 쉽게 얘기해서 농사꾼과 직거래 안 한다는 거예요.

왜 그럴까요? 장사하느라 바쁜 아주머니한테 꼬치꼬치 묻지 않아도 충분히 미루어 짐작할 수 있었습니다. 생산량 들쭉날쭉. 쌀 때는 잔뜩 가져오고 비싸지면 큰 시장으로 내빼고 물건 안 가져오고. 품질도 들쭉날쭉. 겉에만 좋은 것 놓고 속에는 나쁜 것 넣는 '속박이'. 입씨름. 피곤. 힘들더라도 그냥 가락시장 가서 떼다 파는 게 속 편함. 끝. 묻지 마. 따지지 마. 아마도 이런 맥락이었을 겁니다.

채소 농사는 늘 위험이 도사리고 있습니다. 어느 때는 물건이 쏟아져 나와 처치 곤란하다가도 갑자기 비가 사나흘만 연달아 쏟아져도 금세 상품이 없어서 난리가 나니까요. 위험 관리가 전혀 안 되는 농가와 직접 맞상대하는 건 장사 망하는 지름길일 거예요. 이런 위험을 분산하기 위해서라도 여러 단계의 중간상인이 필요한 겁니다.

'직거래!'를 외치며 풍차를 향해 돌진하는 돈키호테처럼 농사꾼, 특히 유기농사꾼이 직접 유통에 뛰어들었다가 판판이 나동그라진 그 많은 사례는 이런 농산물 유통의 전문성과 특성을 이해하지 못한 데서 비롯된 뼈아픈 시행착오라 할 수 있겠지요.

농사가
힘든
이유

　김개똥이란 농사꾼이 있다고 해 보지요. 나이는 52세. 아내 47세. 큰아들 21세, 대학 2년 마치고 군 복무 중. 둘째 아들 19세, 서울 소재 대학 1학년. 소유 농지 논 3천 평, 밭 7천 평, 총 1만 평. 소유한 임야 8만 평, 장뇌삼 일부 재배. 키우는 소가 비육우 황소 비거세 50마리, 우사 200평. 조적 슬래브집 2006년 신축 30평, 대지 500평. 트랙터 55마력 1대. 스키드로더(축산 농가에서 쓰는 똥 치우는 기계), 경운기, 관리기, 1톤 트럭, 승용차.

　이 정도면 우리 동네 최고 부자입니다. 자산으로 보면 20억 원이 넘을 듯하고, 농사 경력이 30년쯤 되는 베테랑 농사꾼이라 볼 수 있습니다. 이분의 1년 예상 소득은 얼마나 될까요? 모릅니다. 아무도 모릅니다. 며느리도 몰라요. 아니, 어떻게 모를 수가 있지? 그게 현실입니다.

250만 원 주고 사 온 6개월 된 송아지를 1년 6개월 동안 하루도 빠짐없이 아침저녁으로 사료와 볏짚을 먹여 키웠는데, 가격이 폭락하면 200만 원 받고 팔기도 하고, 5월 초에 심어 10월 말 서리 올 때까지 아등바등 매달려 7천 상자나 딴 애호박은 겨우 생산비나 건질까 말까 할 때도 있습니다. 콩이 꽃을 피우고 열매를 달 무렵에 하루도 빠짐없이 주야장천 비가 내려 콩꼬투리가 여물지 않아 소먹이로나 써야 하는 상황이 되기도 합니다. 언제 어떻게 무슨 일이 일어나서 결과가 어찌 될지 알 수 없습니다.

유일하게 예측이 되는 소득은 논입니다. 논은 3천 평에서 최소 8백만 ~ 1천만 원 정도의 조수입(아직 팔리지 않은 생산물도 팔린 것으로 셈한 매출액)을 올릴 수 있습니다. 태풍에 쓸려 자빠진다든지 개울이 넘치면서 물이 흙을 몰고 들어와 벼를 깔아뭉갠다든지 목도열병을 미처 막지 못해 병마에 시달린다든지 하는 큰 악재만 없다면 논은 늘 그만큼의 소득은 보장해 줍니다. 오직 논이 농사꾼들의 든든한 버팀목이었습니다.

정부가 쌀을 지켜 주지 못하고 소비자들은 쌀을 외면하니, 너른 들녘에 쌀 대신 채소나 과수가 자리를 잡으면서 채소 시장의 불안정성은 더욱 커졌습니다. 날 좋으면 폭락하고 비 오면 폭등하는 일이 수시로 반복되는, 극도로 불안정한 상황이 해마다 반복되고 있습니다.

김개똥 씨. 경력이 30년이 넘고 총자산이 20억이 넘는 지역 유지가 열심히 농사지어서 일 년에 벌 수 있는 소득이 얼마나 될지 예측하지 못합니다. 그러니 농사 규모가 더 작고 자산이 없는 사람들은 어떻겠어요? 이런 불안정성, 예측 불가능성이 농사꾼들을 농업에서 다른 산업으로, 농촌에서 도시로 몰아내고 있다고 봐야 합니다. 김개똥 씨는 동네에 숱하게 많은 독거노인 혹은 노인 부부를 보면서, 아들 둘 중 하나는 시골로 돌아와 농사를 지었으면 하는 바람이 굴뚝같지만 그럴 수 없습니다. 사랑하는 아들을 도무지 예측할 수 있지 않은 삶에 묶어 두기는 싫기 때문입니다. 농사가 대물림되지 않으니 그 명줄이 다할 날이 머지않았습니다. 그러니, 해법은 고소득이 아니고 예측 가능한 소득입니다.

없을 때 안 먹어야 농사꾼이 산다

앞서 얘기한 것처럼 채소라는 녀석은 계절에 따라 날씨에 따라 생산량이 들쭉날쭉합니다. 생산자와 유통업자는 그래서 늘 긴장 관계에 있습니다. 물량이 넘칠 때는 생산자는 어떻게든 밀어 넣으려 하고 유통업자는 어떻게든 안 받거나 헐값에 가져가려 합니다. 물량이 부족할 때는 생산자는 생산량이 줄어든 만큼, 어떻게든 값을 더 받으려 하고 유통업자는 같은 값에 어떻게든 더 많이 받고 싶어 합니다. 서로 밀고 당기고 하면서 나란히 가는 거예요.

가격이 딱 고정돼 있는 경우는 어떨까요? 생협의 유기농산물이 그런 경우죠. 소비자도 딱 고정돼 있고 생산자도 고정돼 있으면 아무런 문제가 없어요. 그 안에서 선착순을 하든 부족한 대로 있는 것 가지고 나누든, 남는 분량은 할당을 하든 어떻게든 해결을 봐야 합니다. 그런데 생협에서 파는 가격은 고정돼 있지만 조합원(소비자)이 들쭉날쭉하고 경쟁하는 시장도 주변에 잔뜩 있는 경우라면 문제가 심각해집니다.

풍년일 때, 이웃한 시장에서 값이 폭락해 소비자들이 다 그리로 몰려가 버리면, 남아도는 물건을 팔 방법이 없습니다. 반대로 흉년에는 이웃 시장에서 몰려온 소비자들이 물건 서로 갖겠다고 아우성을 치면 난처해집니다. 두 경우 다 우직하게 생협을 지키던 소비자는 손해를 봅니다. 남아돌 때 비싸게 사고, 부족할 때는 사지도 못합니다.

농사꾼들의 결사체인 영농조합에도 이런 문제는 비슷하게 생깁니다. 시장 가격이 좋으면 물건을 조합에 가져오지 않고 다른 곳으로 빼돌리고, 시장 가격이 나쁠 때는 조합에 산더미처럼 들고 오는 거지요. 그래서 파산하는 조합이 많습니다. 함께 조직을 꾸려 가기가 참 쉽지 않아요.

채소는 품목이 다양합니다. 열매채소도 있고, 잎줄기채소도 있고, 뿌리채소도 있습니다. 열매채소 중에도 예를 들어 고추만 봐도 풋고추, 청양고추, 오이맛 고추, 꽈리고추, 아삭이 고추, 롱그린 고추, 피망, 파프리카, 미니파프리카 등등 종류가 많습니다. 중간상인 편에서 보자면 이런 다양한 품목을 다 공급해야 하는데, 생산자 한 사람 한 사람하고 모두 거래 계약를 맺어 공급을 받으려면 품과 시간이 많이 들겠죠. 이런 채소류 전부를 모두 공급해 주는 좋은 생산자 단체가 있으면, 그곳하고만 거래해도 되지 않겠어요?

농사꾼들이 모여서 협동체, 영농조합을 만듭니다. 여러 생산자가 여러 품목을 나누어 심고 한데 모아서 공동으로 내놓습니다. 생산자 조직은 보통 이런 배경에서 생겨납니다. 유통업자와 영농조합이 오랫동안 단골 거래를 하면서 좋은 관계를 맺습니다. 그러나 서로 힘이 대등한 동안에만 이 관계가 유지될 수 있습니다. 균형추가 어느 한쪽으로 기울면 바로 종속됩니다.

예를 들어, 생산자 집단이 힘이 세지면 물건이 부족할 때 폭리를 얻으려 들 것이고, 물건이 남아돌 때는 무조건 밀어내려 할 겁니다. 반대로 유통업자가 힘이 세지면 물건이 남아돌 때는 나 몰라라 해 버리고 물건이 부족할 때라도 싼값에 가져가려 할 것입니다.

조금 더 깊숙이 들여다볼까요? 예를 들어 피망은 남아돌고 양상추는 모자란 8월 20일입니다. 영농조합 A와 유통업자 a는 오랫동안 거래해 왔습니다. 그런데 유통업자 a는 피망은 없어도 되나 양상추는 꼭 필요합니다. 영농조합 A는 피망만 잔뜩 있고 양상추는 하나도 없습니다. 영농조합 A가 양상추를 가지고 있었다면 피망도 함께 팔 수 있었을 거예요. '양상추 줄 테니 피망도 함께 가져가라'는 조건으로 말이지요. 그런데 문제는 영농조합 A만 이런 형편이 아니란 겁니다. 채소를 생산하는 조합들은 다 처지가 같아요. 그런데 영농조합 B가 A에는 없는 양상추를 가지고 있어요. 사정이 급한 유통업자 a가 영농조합 B에서 양상추를 사가려 할 경우, 영농조합 B 역시 똑같은 조건을 걸겠지요. '피망 가져가야 양상추 준다.' 유통업자 a는 갈등하겠지요? A에도 피망이 쌓여 있는데, 이를 외면해 버려야 조합 B의 양상추를 받을 수 있잖아요? '의리냐, 이익이냐 그것이 문제'의 상황이 됩니다.

소비자들이 양상추를 빨리 내놓으라고 아주 강하게 압박하면 유통업자 a는 조합 A를 버리고 조합 B를 택할 수밖에 없습니다. 그럴 경우 조합 A에 있는 피망 생산자는 피멍이 듭니다. 조합 A와 유통업자 a 사이의 오랜 유대도 금이 가구요. '믿을 수 없다!' 이렇게 되고 말아요. 그러면 그때부터는 둘 사이에 오직 장삿속만 남습니다. 이익이냐? 손해냐? 손해 절대 안 된다!

그러니 소비자가 왕이 아니라 생산자의 이웃으로 지내고 싶다면, 부족할 때는 안 먹어야 합니다.

농사는 자연의 일이라 사람 마음대로 안 됩니다. 자연은 변덕이 죽 끓듯 하고 제멋대로라서 사람 사정을 전혀 안 봐줍니다. 그런 자연을 상대로 내가 원하는 걸 다 얻겠다고 하면 탈이 날 수밖에 없습니다. 날 때 먹고 안 날 때 안 먹는 게 자연의 순리에 따르는 일입니다. 많이 나면 많이 먹고 적게 나면 적게 먹고 안 나면 안 먹고, 그러면 되는데 우리는 늘 많이 나면 많이 나서 문제고 적게 나면 적게 나서 문제고 안 나면 더 큰 문제고, 하여튼 자연이 하는 건 모두 문제라고 생각하지요.

내 가족만 생각한다면 그냥 일반 농산물 드세요

웰빙 바람을 타고 폼나는 소비를 위해 몰려온 '웰빙 소비자'들, 농사나 농민이나 농업에 대해 이해할 마음이 전혀 없이 그저 내 생각만 하는 소비자들은 모양과 크기가 일정한 걸로만 아무때나 사 먹겠다는 방식으로 농사꾼들에게 애를 먹이고 있습니다.

상황은 점점 나빠지고 있습니다. 일반 시장은 물론, 이 생협과 저 생협을 비교해서 자신에게 이익이 되는 선택만 골라 하는 똑똑한 소비자들이 늘어나면서, '제대로 책임 생산하지 않으면 우리도 다른 방법을 생각할 수밖에 없어요'라고 생협 실무자들이 농사꾼에게 말할 수밖에 없는 상황으로 내몰리고 있는 중입니다.

생협 실무자들 역시 소비자들의 이기심을 자극하는 방식으로 유기농을 확산시키려는 시도를 그쳐야 한다고 생각합니다. 일반 농산물은 위험하고 친환경 농산물은 안전하다는 말은 제가 생각할 때 허구입니다. 수입 농산물에 각종 첨가제를 섞어 만든 가공식품이 아니라, 우리 농산물이라면 그래도 안전한 편입니다. 생협에서 파는 가공식품 대부분은 친환경 농산물이 아닌 일반 농산물을 원료로 하고 있지 않습니까?

일단 이기적인 동기에서 출발했다 하더라도 우리 농업의 소중함, 특히 유기농업의 가치에 대해 깊이 알아야 합니다. 우리 농업 환경에 대해서도 이해하기 위해 노력해야 합니다. 그래야 왜 결품이 나는지, 왜 농산물 상태가 안 좋은지 이해하고 받아들일 것 아니겠습니까? 그러지 않으면 늘 불만을 쏟아 낼 테고, 그 불만 때문에 어디선가는 농사꾼들의 협동이 깨지고 또 어디선가는 농사꾼이 망하겠지요.

여전히 가족의 건강이 유일한 관심사라면, 수입 농산물만 피하고 일반 농산물 사 드셔도 됩니다. 그냥 안심하고 우리 농산물 드세요.

비료 팍팍 주고, 농약 팍팍 쳐! 그리고 잘 골라서 보내

이제 살짝 작목을 바꿔서, 피망을 예로 들어 봅니다. 강원도에서 피망을 주 소득원으로 하는 지역 중 하나는 진부령입니다. 전국에서 가장 품질 좋은 피망을 생산하는 곳으로 정평이 났습니다. 저도 유기농으로 5년여 피망을 재배하고 있습니다. 한 해 동안 진부령을 열 차례 넘게 오가면서 재배 기술을 배우고 이듬해부터 시작했어요.

가락시장에 가서 보면 진부령에서 생산한 피망은 과연 여러모로 참 뛰어납니다. 모양도 예쁘고 크고 육질이 두껍고 아삭하고 탱탱해서 오래가죠. 피망이 갖춰야 할 모든 미덕을 다 갖췄습니다. 제가 짓는 농사와 비교하면 진부령산 '특'품에 해당하는 피망은 제게 아예 없고, 제가 생산하는 피망 중 제일 좋은 게 이분들 '상'에 해당하는 피망보다 조금 크기가 작거나 비슷한 정도입니다. 보통 '상'품은 '특'품 가격의 1/3 정도의 가치로 쳐 줍니다. '특'품끼리도 신선도, 크기나 모양, 선별 상태 등에 따라 가격 차이가 크게 납니다. 진부령 특품 피망 생산의 비결은 아마도 고랭지라는 특성 때문일 겁니다. 피망의 고향인 라틴아메리카와 비슷한 조건을 갖춘 곳이지요. 그리고 다른 곳에 비해 일교차가 커서 육질이 두껍고 단단하게 자랍니다. 그저 농사꾼은 비료 공급을 많이 하고 철저하게 병충해를 방제하면 되는 것이에요.

비료를 마구 먹이면 쭉쭉 커 올라갑니다. 그러나 쭉쭉 빠르게 크는 녀석은 겉은 실해도 속은 허약해서 병이 생기거나 벌레가 꼬이기 쉬우니까 규칙적으로 방제해야 합니다. 병 주고 약 주고를 반복하는 거예요. 비싼 값을 받기 위해서는 그럴 수밖에 없어요. 소비자가 큰 걸 좋아하고, 예쁜 걸 좋아하고, 육질이 두껍고 탱탱하고 아삭아삭한 걸 좋아하잖아요? 그런 걸 만들어 내려면 비료를 많이 줘야 해요. 다른 방법은 없습니다. 퇴비다 뭐다 아무리 줘도 그런 물건 절대 안 나옵니다. 비료를 많이 주면 병해충이 많아지니 농약을 쳐야 해요. 이것 역시 다른 방법이 없어요. 농약 안 치고는 절대 병해충 못 잡아요. 더 큰 걸 좋아하니 비료를 더 줘야 하고, 비료를 더 주면 병해충이 더 잘 생기니까 농약을 더 자주 쳐야 해요. 이렇게 돌고 도는 겁니다.

소비자들 요구가 도매상인들에게 더 큰 것, 더 예쁜 것, 더 탱탱한 것을 가져오라고 하고, 도매상인들은 가격을 높게 주고 낮게 주는 방식으로 농사꾼에게, 소비자한테서 전해 받은 뜻을 보냅니다. 그 뜻이란 게 매우 단순합니다. 바로 이거지요.

"비료 팍팍 주고, 농약 팍팍 쳐! 그리고 잘 골라서 보내."

발신인 소비자, 전달인 중간상인, 수신인 농사꾼으로 되어 있는 이 단순명료한 체계가 이제는 유기농에도 그대로 옮겨 왔습니다. 유기농 소비자들 역시 일반 농산물 고르던 것과 똑같은 기준을 유기농에 적용합니다. 그러면서 똑같은 말씀을 보냅니다. 말씀 하나하나에 담긴 의미를 해석해 볼까요?

"사계절 아무 때나 푸른 채소를 먹겠다."

한겨울에도 기름을 때서라도 유기농 채소를 생산하라는 말이죠. 한겨울 유기농 채소는 열대 우림지역 나무 잘라 내고 하는 유기농과 크게 달라 보이지 않지요? 한여름 장마철 지나고, 저장해 놓은 거 다 떨어지고 나중에 심은 것은 아직 수확하기 전인데, 그래서 시중 채솟값도 치솟아 있는 이때, 대체 어디서 유기농 채소를 구해 오라는 걸까요?

"내가 주문한 건 무조건 다 가져와라. 변명 말고 결품 내지 마라."

과잉으로 재배하라는 말이란 거 이제 아시죠? 농사꾼들 죽든 살든 그런 거 신경 안 쓰겠다는 얘깁니다.

"크고 모양 좋고 번듯한 물건으로 잘 골라서 보내라."

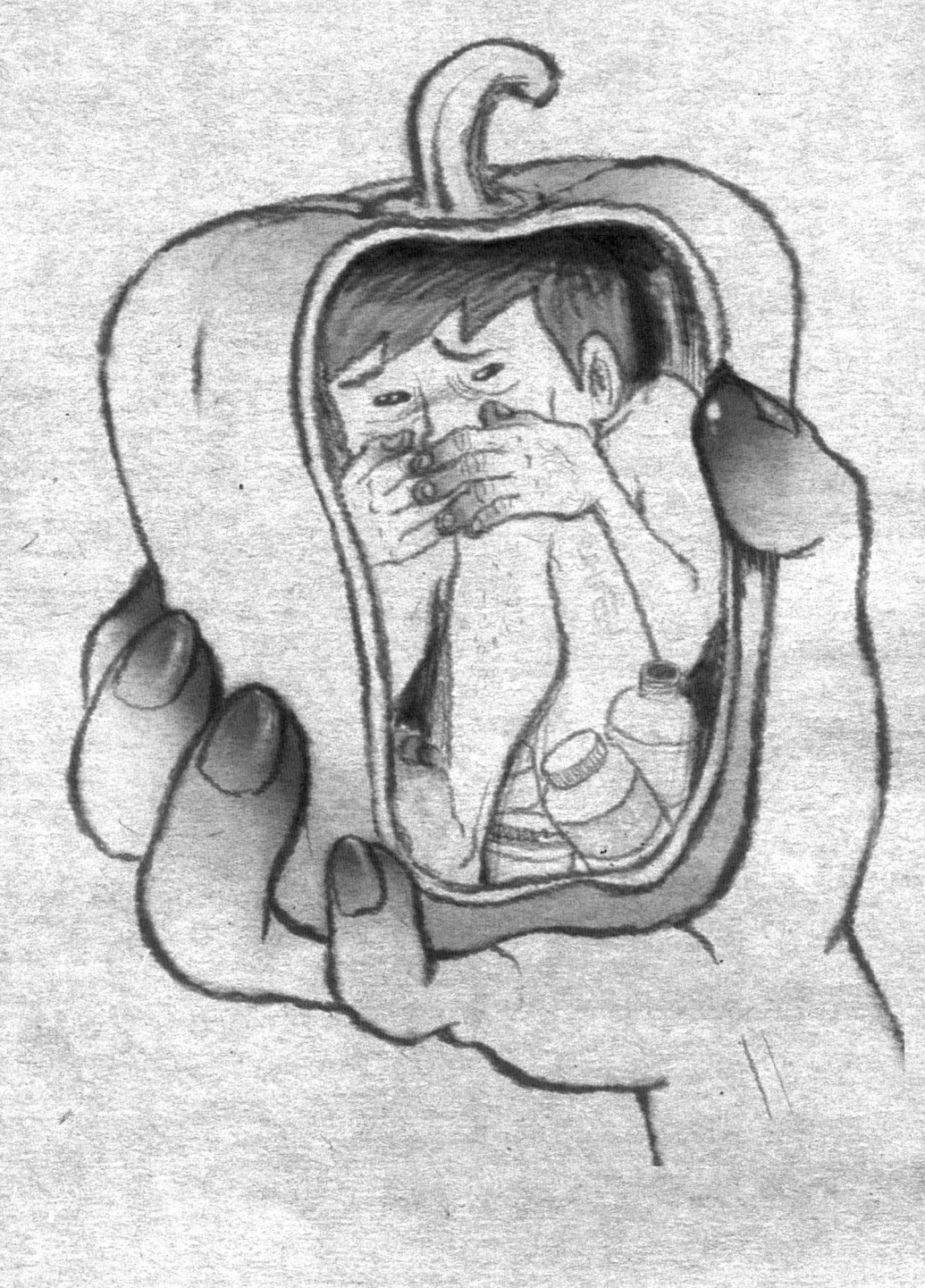

퇴비나 유기질 비료를 팍팍 치란 얘기지요. 소위 유기농 자재로 쓰이는 천연 추출물로 만든 천연 약재를 유기 합성농약 치듯이 팍팍 치란 얘기고요. 유기질 비료 만드는 원료도 수입합니다. 보통 아주까리박이니 대두박이니 하는 식용유 짜고 남은 찌꺼기를 많이 쓰는데, 이것들도 수입해 옵니다. 유기농 자재로 쓰이는 천연 추출물, 이를테면 님나무에서 추출한 님오일 같은 것들 역시 원료를 대부분 수입해 옵니다. 수입 자재로 키우는 유기농산물, 뭔가 좀 이상하지 않습니까?

유기농 혹은 친환경 채소 시장의 현주소가 이렇습니다. 농사꾼이나 소비자나 모두 채소의 모양과 크기에 대한 기준이 너무 높습니다. 그렇다 보니 아무리 유기농이라고 해도 유기물을 많이 쓸 수밖에 없지요. 이는 서로 손해 보는 일입니다. 질소를 지나치게 많이 먹고 큰, 소비자가 좋아하는 '크고 좋은 채소'는 질산염을 많이 함유하게 돼요. 말하자면 소비자는 잘못된 기준을 가지고 있어서, 농산물을 살 때 뒤적뒤적해서 몸에는 가장 안 좋은 걸 가장 좋다고 여기고 골라 가는 거지요. 농사꾼은 뻔히 알면서도 어쩔 수 없이 그리해야 하는 안타까움이 있지요. 벌레 먹고 작고 못생긴 걸 드리면 싫어하니까. 꼭 소비자 책임이랄 수도 없고 생산자 책임이랄 수도 없지만 우리는 이런 모순된 유기농을 하고 있습니다. 이런 모순을 인정하고, 모순을 극복하는 길이 어디에 있는지 머리를 맞대고 궁리해야겠지요. '소비자'의 욕구를 다 채워 주는 방식은 아닐 것이라 생각합니다.

빼앗긴 들을 되찾기 위하여

두부, 김밥, 식당 공깃밥, 짜장면, 라면, 만두, 냉면, 국수, 크래커, 스낵, 치즈, 음료, 된장, 간장, 고추장, 빵, 떡, 물엿, 식용유, 식혜, 수정과 등등 일반 마트나 식당에서 만나는 거의 모든 가공식품은 다 수입 농산물로 만든 것입니다.

흔히 농업을 1차산업이라고 합니다. 하지만 우리 농업은 1차산업이라 보기 어려워졌어요. 2차 가공산업의 원재료를 공급한다는 의미에서 농업을 1차산업이라 하는데, 가공산업의 원료로 전혀 쓰이지 않는 우리 농업을 1차산업이라 볼 수는 없는 것 아니겠어요?

가공식품의 원료로 쓰이는 농산물은 대부분 곡물입니다. 쌀, 밀, 콩, 옥수수, 감자, 고구마, 보리, 조, 수수, 기장, 귀리 등인데요, 우리 선조 농사꾼들이 심혈을 기울여 재배한 작물이고, 우리나라 농지를 가장 많이 차지하고 있는 작물입니다. 식량 자급률이니, 곡물 자급률이니 할 때 '식량'이니 '곡물'이니 하는 게 바로 이 녀석들이잖아요?

옥수수라고 하면 쪄 먹는 풋옥수수만 생각하기 쉬운데, 가공식품에 쓰이는 옥수수는 그거 말고 말려서 턴 강냉이 알곡을 말합니다. 옥수수는 쓰임새가 정말 많아서 마트에 진열된 거의 모든 가공식품에 다 들어가 있다고 해도 과언이 아니고, 공업 재료나 바이오 연료로도 쓰입니다.

우리 농업과 농촌이 살아나려면 지금은 지위를 완전히 잃어버린 이 작물을 '식량 작물'로 그 지위를 회복시키는 것 말고는 달리 방법이 없어요. 빼앗긴 농업 영토를 되찾아올 방법이 없을까요?

우리 농산물로 가공식품을 만드는 건 너무 어려운 일입니다. 수입 농산물에 비해 훨씬 비싸 기본 원가가 올라갑니다. 생산량이 들쭉날쭉한 것도 문제입니다. 흉년에는 원물 가격도 폭등할뿐더러 구하는 것 자체가 어려워요. 일정한 규모를 갖춰야 제품 가격을 그나마 낮출 수 있는데 우리 농가에서는 거의 생각하기 힘든 일입니다. 단지 값이 비싼 상품이 거래되는 아주 작은 시장밖에 차지하지 못합니다. 이를테면 생협이나 친환경 농산물 판매장이지요. 우리 농산물로 가공하려고 해도 이처럼 어려운데, 하물며 친환경 농산물로 가공하겠다는 건 섶을 지고 불로 뛰어드는 정도의 모험이지요.

그래도 여러 가지 방법을 찾아봐야 합니다. 우리 농산물 값을 확 끌어내려 버리는 방법도 있고, 수입 농산물을 가공하는 대기업에 의무적으로 우리 농산물을 일정 비율로 쓰도록 강제할 수도 있고, 사회적 비용을 투입해서 시골마다 농산물 가공 기반시설을 갖추고, 정부가 원료를 수매해서 아주 싼값에 공급할 수도 있습니다. 이 경우, 농민회에서 주장하는 '기초농산물 국가수매제'와 쌍을 이뤄서 할 수 있습니다. 우리 국민은 누구나 우리 농산물로 만든 값싸고 질 좋고 안전하고 정성이 담뿍 담긴 가공식품을 먹을 권리가 있으니, 정부는 시민사회와 합의해서 정책을 추진하면 좋겠다는 생각입니다.

채소 생산자로서 봤을 때, 생산이나 소득이 불안정하기 짝이 없는 채소는 사실, 벼나 콩, 옥수수를 재배하는 논과 밭에 가려서 보이지 않을 정도로 재배하는 게 좋겠다 싶습니다. 어느 농가나 다 조금씩 생산해서 서로 나누어 먹거나, 가까운 도시에 직접 들고 나가 소비자들 만나서 노닥거리며 금세 파는 정도가 적당하다고 봅니다.

진짜 가족의 건강을 위하고 잘 먹고 잘 사는 걸 원한다면, 저는 식량 작물을 생산하는 농업을 회복시키고, 농업을 1차산업의 지위로 되돌려 놓는 것에 대해 합의하고, 강력한 사회적 힘을 만들어 이를 관철하기 위해 노력해야 한다고 생각해요. 우리 농업 생산 구조를 식량 중심으로 개편하고, 식품 가공산업과 가공식품 유통 체계를 완전히 뒤엎어 버리는 혁명적인 발상과 실행이 필요하지요.

그러나 현재의 구조에서 이익을 보는 사람들이 이를 받아들일 리 없으니, 소비자와 농사꾼이 힘을 합쳐 기득권자들의 저항을 완강히 뿌리치며 새 틀을 짜 가는 과정은 아마도 진짜 혁명에 버금가는 과정이 될 것으로 생각됩니다. 불가능한 일일까요? 이 일을 못해 내면 우리 농업의 미래는 없습니다.

조금만 덧붙이자면, 1990년대 이후로 급성장한 자동차 산업의 성과가 자동차를 생산하는 기업의 힘만으로 이루어진 게 아니라는 건 누구나 알고 있습니다.

어마어마한 세금을 들여 길을 닦고, 신호 체계를 정비하고, 누구나 쉽게 면허를 딸 수 있도록 운전면허와 관련한 제반 법규를 정비하고, 주유소를 어디나 지을 수 있게 제도를 바꾸고, 석유화학산업을 키우고, 자동차 보험과 관련한 제도를 정비하고, 차량 생산과 정비에 필요한 노동 인력을 대거 길러 내는 등, 눈에 보이거나 보이지 않는 엄청난 투자와 노력, 전 국민의 동참으로 정말 단시간에 세계적인 자동차 생산업체를 만들어 냈다는 점을 떠올릴 필요가 있어요. 못할 일은 없는 거지요. 안 할 뿐입니다.

농업도 마찬가지 지위를 누릴 자격이 있습니다. 생산량이 줄어도, 값이 내려가도, 생산비가 올라도, 이자가 뛰어도, 일정한 소득을 정부가 어느 정도 보장한다는 유럽이나 미국의 농사꾼들이 있잖아요. 새로운 길을 만드는 데 부족한 건 우리의 상상력이지 현실적인 장애물들이 아닙니다.

적어도 없으면 굶어 죽을 수밖에 없는 밥이나 빵이, 없어도 죽지는 않는 휴대폰이나 자동차보다 중요하다고 생각한다면, 농사꾼만 다그치지 말고 논이나 밭만 가지고 왈가왈부하는 현미경 같은 좁은 눈을 걷어치우고, 농업이 우리 국민의 밥과 밥상을 책임질 수 있으려면 어떤 조건과 환경을 만들어야 하는지 연구하고 합의하고 실행하는 데 더 큰 노력을 기울여야 한다, 이 말입니다.

농사꾼
돼도
안 죽는다

농사지으러 오세요. 결국은 사람입니다. 사람이 하늘이고, 사람이 답입니다. 사람만 충분히 있으면 농업 문제도 풀리고 농촌 문제도 풀리고 농민 문제도 풀리고 다 풀립니다. 사람이 충분히 있어야 유기농업도 몸으로 때울 수 있어서 유기농다워집니다. 자연 속에서 땀 흘려 정직하게 일하고 일한 만큼 거두는 신명 나는 삶을 함께 부대끼며 살아 봅시다.

노동시간이 얼마 안 돼요

저는 2013년 현재 40대 중반입니다. 막 서른이 될 때 시골로 들어왔으니 십수 년이 흘렀습니다. 그때나 지금이나 전국 어느 시골 마을을 가나 그래도 좀 어울릴 만한 사람은 제 나이보다 십 년쯤 위인 형들뿐이에요. 동생이나 친구가 없어요.

형님들과는 유기농사가 됐든 일반 농사가 됐든 농사를 함께 지으니까 자주 어울립니다. 일은 힘들고 벌이는 신통치 않아 죽겠다고 죽는 소리를 하면 저는 대놓고 타박합니다.

"뻥치지 마!"

"뻥 아냐, 이 스키야."

이러면서 아주 자세하게 농협에서 갖다 쓴 영농자재 품목과 금액을 일일이 말하면서 들어간 돈이 얼마고, 아주머니(정확히는 할머니) 품을 몇 품이나 사서 무슨무슨 작업을 하느라 얼마가 들어갔다는 둥 길고 긴 하소연을 합니다. 잘 들어 드리고 묻지요.

"에이, 그래도 살 만하잖아?"

그러면 뚱한 표정으로,

"뭐이가 살 만해?"

"형 집 있잖아? 땅 있지? 소도 있지? 농기계 다 있지? 차도 두 대나 있지? 게다가 일 년에 일하는 날이 얼마나 돼? 꺽해야 석 달 아냐? 석 달 벌어서 1년 사는 거 아냐?"

이렇게 되잡아채서 물으면 기가 조금 죽으면서 수긍하는 목소리로 마지못해 대답합니다.

"그야 그렇지."

3월 말, 땅이 녹기 시작하면 마지막 게으름 피우다가 4월 초쯤 일 시작해서 11월 중순쯤 땅이 얼어붙어 아무 일도 할 수 없게 될 때까지 일합니다. 그나마 정말 눈코 뜰 새 없이 앞뒤 돌볼 새 없이 농사일에 매달려 지내는 기간은 6월 중순부터 9월 중순까지 석 달에 불과합니다. 12월부터 2월까지는 너무 추워서 아무것도 할 수 없으니 무조건 놀아야 해요.

석 달은 긴 시간입니다. 놀다가 지쳐서 이제 노는 게 정말정말 지겨워지면 시나브로 땅이 녹고 해가 따뜻해져서 논으로 밭으로 일꾼을 불러내지요. 봄은 그래서 흥겹고, 입으로는 힘들다고 투덜대면서도 땀 흘리는 얼굴엔 설렘과 일하는 기쁨이 넘쳐납니다. 농사일은 그 자체로 정말 재미가 나거든요.

거름을 뿌리고 밭을 갈아 두둑을 만들고 씨앗을 뿌려 가꾸고 열매를 거둬서 시장에 내놓고, 또 내놓고, 날마다 내놓다 보면, 장마도 오고 땡볕이 났다가 태풍도 불어 삭신이 쑤시고 허리도 아프고, 일하다가 일하다가 지쳐서 너무너무 지겨워질 때쯤 되면, 또 어김없이 해도 짧아지고 날도 추워져서 서리도 내리고 꽁꽁 얼어붙어 논밭에서 쫓겨 들어와 방구석에 틀어박혀 긴긴 겨울잠에 빠져듭니다. 농사일은 뼛골이 빠지는 일이라 겨울에는 놀면서 다시 뼛골을 채워 넣어야 해요.

온 가족이 딱 달라붙어 아옹다옹, 해가 길면 긴 대로 해가 짧으면 짧은 대로 자연의 흐름을 따라 살아가는 방식은 말 그대로 자연스럽습니다. 도시 노동자에 비해서 농가 소득이 적다고 하지만, 노동시간 대비 소득으로 셈하면 꼭 그렇게 소득이 떨어지는 것은 아니라는 통계도 있더라고요. 그래서 엄밀하게 얘기하면 적게 일하고 적게 버는 것뿐이지요. 그러니 그렇게 억울해할 일도 아닙니다.

전문직이면서 사장이다

채소나 과수나 어느 품목이 됐든 우리나라 농업 기술 수준은 굉장히

높습니다. 애호박 농사를 아주 잘 짓는 사람이라 하더라도 오이나 가지 풋고추 등으로 주 소득 품목을 바꾸면, 안정적인 생산과 판매를 이룰 때까지 상당한 숙련 기간이 필요합니다. 저는 최소한 3년 정도는 해야 비로소 일정한 소득을 낼 수 있다고 보고 있어요. 형한테 또 묻지요.

"애호박, 초짜가 지어서 농사 되겠어?"

"잘 안 되지. 될 수도 있겠지만 어렵다고 봐야지."

"그러면 애호박 농사는 전문직이잖아? 안 그래?"

"그렇지. 그렇다고 봐야지."

"형은 월급쟁이야? 사장이야?"

"사장이지."

"형, 전문직이면서 사장인 사람은 아주 드물어요. 한의사, 의사, 약사, 세무사, 변호사, 법무사 등등 사자 들어간 직업 가진 사람들밖에 없어요. 이제 대한민국 농사꾼들은 그 급에 해당한단 말이야."

"그래도 우리는 돈도 못 벌고 빚도 많잖아?"

"우리나라에 빚 없는 사람이 얼마나 되겠느냐고? 집 한 채만 살라 해도 빚 안 내고 어디 되겠어?"

이 대목에서 뚱하던 표정이 사르르 풀리면서 헤벌쭉해집니다.

"그건 그래."

저는 아주 대못을 박지요. 진심으로 얘기합니다.

"농사가 최고야!"

막연한 피해의식을 걷어내고 제대로 잘 살펴보자고 하는 소립니다. 1970년 240만 호에 이르던 농가가 2010년 80만 호로 줄어들었어요. 이보다 더 가혹하고 집요한 구조조정이 또 있겠느냐고요. 제 발로 떠나고 내몰려

떠나고, 떠날 사람 다 떠나고 남은 사람들은 딱 두 부류입니다. 안 떠난 사람과 못 떠난 사람. 제가 얘기 나누는 형은 안 떠난 사람이지요. 저는 제 발로 기어들어온 사람이고요. 아무나 붙들고 이런 얘기 하면 혼납니다. 못 떠난 사람은 화냅니다.

농촌도 도시와 똑같습니다. 양극화가 심해졌어요. 농업·농촌 문제를 들여다볼 때 조심스럽게 다루어야 할 문제 중의 하나인데요. FTA니 쌀수매니 뭐니 하는 '빅 이슈'들이 너무 커서 오히려, 누구도 이런 문제를 거들떠도 안 보는 듯해요.

정부 농업정책 역시 늘 해왔던 대로 막무가내로 그냥 다 똑같은 농사꾼으로 보고 막 일사천리로 진행되지요. 그러니 그 정책이 효과를 제대로 거둘 수 있겠어요? 전체 정부 예산의 5.5퍼센트에 해당하는 막대한 예산을 조금 더 효율적으로 쓰는 것만으로도, 추가 부담 없이 충분히 농업과 농촌을 살릴 수도 있지 않겠나 하는 생각이 들 때가 많아요.

삶의 질이 높다

"형, 우리가 살면서 젤루 많이 먹는 게 뭐유?"
"뭐, 술?"

즉각 반응입니다. 잠시도 생각하지 않고 바로 나오는 답입니다. 신나게 비웃어 주고 다시 묻습니다.

"10분만 못 먹어도 죽는 거!"
"으응, 공기이?"

쉬지 않고 먹어야 사는 게 산소잖아요. 숨 못 쉬면 죽어요. 그러니 맑고 깨끗한 공기를 마시는 게, 먹는 걸로만 따졌을 때 제일 중요한 요소라는 건 당연한 거 아니겠어요? '먹는 걸로만 따졌을 때'라고 단서를 다는 이유는 사람은 다른 동물과 달리 머릿속이 복잡한 동물이라서 이것저것 다 중요하다고 생각하기 때문이지요. 사랑, 의리, 자존심 뭐 이런 거에 목숨 거는 사람들도 많잖아요. 게다가 단지 믿음만으로도 병을 고치는 희한한 족속이라서 그래요. 다들 아시지요? 신약을 개발해서 효과를 검증할 때 한쪽엔 약을 주고 한쪽엔 밀가루로 만든 가짜 약을 주는데, 가짜 약을 받아먹은 사람들도 평균 30퍼센트는 병이 나아 버린다는 거. 행복한 웃음이나 따뜻한 마음이 암세포를 막 죽이는 거.

산소 다음은 물이겠죠? 우리 몸이 거의 물로 되어 있으니 오염되지 않고 미네랄이 풍부한 좋은 물이 공기 다음으로 중요할 테고요, 그러고 나서야 음식이겠지요. 건강과 관련해서 먹는 것이 차지하는 비중을 굳이 숫자로 나타낸다면 공기가 70퍼센트, 물이 20퍼센트, 음식이 10퍼센트 정도 되지 않겠어요?

"그러니까 형, 우리가 얼마나 많이 누리면서 사는 거냐고!"

게다가 도시와 달리 땅은 넓고 인구는 적어서 인구밀도도 아주 낮지요. 업무로 만나야 하는 사람은 거의 없고 그저 서로 좋아 만나는 만남이 대부분이니까 특별히 사람 때문에 스트레스 받을 일도 없고, 특별히 사교적일 필요도 없어서 생긴 대로 그냥 살면 되고, 먹고사는 일은 대부분 저 혼자 가족들과 힘을 합쳐서 해치우면 되니까, 밑을 들이받힐 일도 없고 위를 찍혀 눌릴 일도 없단 말입니다.

제 힘으로 농사지어 먹고살 수 있는 사람보다 더 높은 삶의 질을 누리는 사람은 없다고 고래고래 고함을 쳐 가면서 한참을 떠들어 대면 놀랍게도, 저랑 잘 어울려 노는 형들은 "니 말이 맞다" 그럽니다.

유기농사꾼과 이웃이 되는 9계명

꼭 유기농산물을 먹어야겠다면, 다음 9계명을 꼭 기억해 주세요!

1. 알아차린다
음식을 먹고 마실 때마다 수입 농산물인지 우리 농산물인지, GMO 음식인지, 유기농인지 알아차리자. 습관을 바로 바꾸기는 어렵다. 먼저 내 입으로 들어가는 게 무엇인지 주의 깊게 살펴보는 것부터 시작하자.

2. 책임 소비한다
내가 내 몫을 충실히 먹을 때라야 계획 생산도 가능하고 농사꾼도 웃는다. 자연과 사회와 이웃에 대한 책임을 다하는 소비를 한다.

3. 농사꾼의 안전을 먼저 생각한다
농사꾼에게 좋은 것이라면 환경에도 좋고 소비자에게도 좋다. 농사꾼이 여러 위험 물질에서 벗어날 수 있도록 돕는다.

4. 음식 정의에 민감해지자
남녀노소 빈부귀천을 막론하고 누구나 안전하고 질 좋은, 정성껏 키운 우리 농산물을 먹을 수 있어야 한다. 그렇지 않은 현실을 늘 돌아본다.

5. 맛과 향으로 고른다
모양이나 크기에 휘둘리지 않는다. 농산물은 모두 고유한 맛과 향을 가지고 있다. 오이면 오이, 풋고추면 풋고추, 각각의 농산물이 가진 고유한 맛과 향으로 농산물을 평가한다.

6. 결품은 자연스러운 일이다
자연은 제멋대로라서 자연이다. 인간이 원하는 때에 맞춰 원하는 만큼씩 결코 주지 않는다.

7. 값이 쌀 때 충분히 먹는다
우리 제철 농산물을 먹는 가장 좋은 방법이다. 내버려둬도 잘 자랐기 때문에 풍년이고 풍년이라서 싸다. 산농사가 풍년이면 들농사가 흉년이고, 산농사가 흉년이면 들농사가 풍년이라고 했다. 하늘이 우리를 어떻게든 먹고살게 해 준다는 의미로 쓰였다. 기후조건이 맞아서 잘 자란 농산물은 많이 먹을수록 좋다. 싸다는 건 가장 안전하다는 의미다.

8. 비싸면 먹지 않는다
농산물이 비싸다는 건 부족하거나 없다는 얘기다. 없어야 하는데 있는 건 부자연스런 방법이 동원됐다는 뜻이다. 결코 자연과 사회와 내게 좋을 리 없다.

9. 집에서 먹는다
집에서 먹어야 유기농산물이든 우리 농산물이든 먹는다. 집 밖에서는 드물다.

2

유기농이

대체

뭐길래?

유병덕 국제유기심사원

2000년 유기농 공동체를 꿈꾸며 충북 문의에 귀농했다가, 현실에 부딪혀 귀농을 포기했다. 2001년 충북 괴산의 '흙살림연구소'에 들어가 우리나라 최초의 친환경 농산물 인증기관을 설립해 인가받았다. 2008년부터 5년 동안 네덜란드 다국적기업인 'CUC 한국지사'에서 농업 분야 인증을 총괄하면서 미국, 유럽, 일본의 유기농과 유기섬유, GLOBAL.G.A.P. 등의 '지속가능성'이라는 가치를 다루는 세계적인 인증을 관리했다. 2009년부터 'IOIA 국제유기심사원협회'에 소속된 전 세계 20여 명의 트레이너 중의 한 사람으로서, 체계적이고 강력한 유기심사원 교육과 훈련 프로그램을 진행하고 있다. 2013년 '이시도르 지속가능연구소(www.isidor.kr)'를 설립해 우리나라 농림축수산업 분야의 지속가능성을 높이는 활동도 하고 있다.

유기농은
가치에
붙이는
이름이다

많은 소비자들이 선호하는 '유기농'이란 무엇을 말하는 것일까? 농약을 사용하지 않은 것? 화학비료를 사용하지 않는 것? 대부분 농약이나 화학비료, 제초제를 사용하지 않는 농업을 유기농이라고 생각하고 있을 것이다. 하지만 이는 유기농이 담고 있는 가치의 아주 작은 부분일 뿐이다.

유엔(UN) 산하의 식량농업기구(FAO)와 세계보건기구(WHO)는 식품의 국제 기준을 정하는 코덱스위원회(CAC, 국제식품규격위원회)라는 기구를 만들어서 공동으로 운영하고 있는데, 세계 각국의 유기식품 관련 기준과 규격들도 바로 이 코덱스위원회의 기준을 따르고 있다. 그러면 코덱스(Codex Alimentarius)에서 말하는 유기농업의 정의를 살펴보자.

"유기농업이란 '생물 다양성', '생물학적 순환', '흙의 생물학적 활성화'를 통해 농업 생태계의 건강을 증진·강화시키는 총체적 생산관리 체계이다."

위의 정의에 따르면 예컨대, 브라질의 열대밀림 지역을 대규모 농지로 개간해 화학비료와 농약을 쓰지 않고 농산물을 생산하는 농업은 유기농업이라고 보기 어렵다. 생물 다양성이나 생태계 균형을 심각하게 훼손한 사례이기 때문이다.

또한 유기농업은 '무투입'이나 방치를 말하는 것도 아니다. 유기농업은 적극적으로 과학적인 자원 순환의 원리를 실천하는 농업을 말한다. 단순히 화학비료 따위를 사용하지 않는 것에 그치지 않고, 다양한 생물들이 살 수 있는 흙을 가꾸는 일은 유기농업의 생산성을 높이고, 땅을 기름지게 하기 위한 과학적인 실천이 따라야 유기농업이라고 볼 수 있다는 것이다. 흙을 만져서 딱딱하게 굳어 있거나, 유기질 비료를 지나치게 써서 질산염, 인산염이 쌓인 흙이라면 유기농사를 지었다고 보기 어렵다.

유기농업을 실현하기 위한 방법은 다양할 수 있겠지만, 코덱스에서 유기농업의 방법을 크게 세 가지로 나누어 허용하고 있다. '농경 원리', '생물학적 방법', '기계적 방법'이 그것이다.

먼저 유기농은 병충해에 강한 좋은 씨앗을 선택해야 하고, 윤작(돌려짓기), 혼작(섞어짓기)을 활용하는 농사법을 써야 한다(농경 원리). 또 천적을 이용하고, 우렁이 넣기, 오리 풀기, 유익한 미생물 살리기를 실천하고(생물학적 방법), 손과 기계를 이용한 제초, 화염 제초, 멀칭(덮기), 해충 유인장치를 활용하는 것(기계적 방법)들이 유기농업의 방법들이다.

여기에는 물론 유기합성 농약과 화학비료, 제초제는 포함될 수 없다.

또한 이들을 쓰지 않는다고 해도 유기농업의 목적과 방법에 위반되는 방법으로 생산한다면 유기농업이라고 할 수 없을 것이다. 다만 이 방법들만으로 농작물에 충분히 영양 공급을 할 수 없거나 병해충을 관리하기 어려울 때, 자연으로부터 얻은 물질을 활용한 비료나 방충제를 따로 정해 두고 쓸 수 있도록 하고 있다.

유기농산물과 일반 농산물의 차이

그렇다면 유기농업에서 허용된 방법만으로 농사를 지었을 때, 그 생산물과 일반 생산물의 차이는 무엇일까?

과연 일반 농산물에는 농약이 남고 유기농산물에는 농약이 남지 않는 것이 그 차이일까? 그렇지 않다. 일반 농산물에서 농약이 검출되지 않는 경우도 있고, 유기농산물에서 극미량의 농약이 검출될 수도 있다.

유기농산물이 일반 농산물과 무엇이 다른지는 '유기적 순수성'이라는 말로 설명할 수 있는데, 영어 'Organic Integrity'를 우리말로 옮기면서 만들어진 말이다. 우리의 언어감각에 더 어울리게 표현하자면 '유기성(有機性)'이라고 할 수 있겠다. 같은 한자권인 일본에서도 유기성이라 표현하고 있다.

유기성이란 유기적 속성이 있음을 뜻한다. 바로 이 유기성이 있느냐 없느냐가 일반 농산물과 유기농산물의 차이라고 할 수 있는데, 유기농산물에는 유기성이 있지만, 일반 농산물에는 유기성이 없거나 부족하다고 할 수 있다.

유기성을 조금 쉽게 이해하려면 이른바 친환경 농산물이 가진 '친환경성'을 예로 생각해 보자. 친환경성이란 환경친화적 속성을 말한다. 친환경성은 여러 사물에서 나타날 수 있겠지만, 친환경적인 생활을 하는 홍길동

씨의 하루를 예로 들어 보자.

　홍길동 씨의 일과에는 보통 사람들보다 더 많은 친환경성이 있다. 홍길동 씨는 자동차나 전철을 타지 않고 자전거를 타고 먼 거리를 달려 출퇴근한다. 옥상 텃밭에서 직접 기른 채소로 상을 채울 때가 많고, 육식을 삼간다. 에너지 효율이 높은 가전제품만 사서 쓴다. 쓰지 않는 전기제품은 플러그를 꼭 뽑아 놓는다. 화장지 대신 손수건을 사용한다. 종이컵 대신 휴대용 컵을 쓴다. 오줌은 따로 모아 발효시켜 거름으로 쓰고, 설거지나 빨래에 세제 대신 효소를 쓴다.
　홍길동 씨는 친환경성이 높은 생활을 하고 있다고 볼 수 있다. 그런데 이런 홍길동 씨의 머리카락을 한 올 뽑아서 분석하면 친환경성이 측정될까? 그렇지 않다. 홍길동 씨의 생활에서 나타난 친환경성은 그 행동 자체에 의미가 있는 것이지, 홍길동 씨의 몸을 구성하는 성분에 변화를 주는 것은 아니다. 물론 홍길동 씨는 환경친화적인 활동 덕에 운동량이 많아져서 몸이 건강해졌을 수 있다. 하지만 그런 활동이 건강을 100퍼센트 보장해 주는 것은 아니다.
　친환경 농산물의 속성인 '친환경성'도 마찬가지다. 농약과 화학비료를 안 쓰거나 크게 줄인 농산물이기 때문에 화학 합성물질이 인체에 주는 나쁜 영향은 크게 줄었을 개연성이 있다. 하지만 친환경성은 실험실에서 분석해 측정할 수 있는 것이 아니다. 친환경 농산물 관리를 위해 실시하는 잔류 농약 검사는 친환경성을 확인하는 여러 방법 중 하나일 뿐이다.
　홍길동 씨의 친환경성을 확인하려면 머리카락을 검사하는 것이 아니라, 그 사람을 만나서 확인해야 한다. 집에 자전거가 있는지, 자전거 바퀴가 날마다 일정 거리를 달린 흔적이 있는지, 자전거 부품을 바꾸거나 산 기록 등을 확인해 본다. 옥상에 올라가 채소가 싱싱하게 잘 자라고 있는지 확인하고 실제로 오줌을 모아 발효시키고 있는지 보고, 가전제품에 붙어 있는 에너지효율등급 표시를 보고, 쓰지 않는 가전제품의 플러그가 잘 뽑혀 있는지 확인한다. 옷장 안에 손수건이 날마다 가지고 다닐 만큼 충분히 있는지도 확인하고, 냉장고 냉동실에는 고기가 잔뜩 구겨 넣어진 채로 있지 않은지, 세제 대신 효소를 담은 병이 싱크대에 놓여 있는지도 확인해 본다. 이렇게 직접 보고, 기록과 자료를 확인함으로써 그의 친환경성을 평가해야 한다.

즉, 친환경성은 실험실에서 측정할 수 있는 것이 아니라 '개념적 속성'이다. 따라서 홍길동 씨의 생활 철학, 생활 과정 등을 찬찬히 살펴봐서야 비로소 이 사람이 환경 친화적인 사람인지 아닌지를 판정할 수 있다는 것이다.

이제 유기성에 대한 이야기로 돌아오자. 친환경 농산물의 속성인 친환경성은 눈으로 볼 수 있는 어떤 '성분'이 아니라 '개념'이라 했다. 유기농산물의 속성인 유기성도 마찬가지이다. 유기농업의 정의에 담긴 유기농업의 목적을 이루기 위해 유기농법으로 농사를 지었다면, 그 생산물에는 유기성이 있는 것이다.

요컨대 유기농은 개념적 가치라는 것이다. 유기농산물에만 존재할 수 있는 유기성은 제품의 성분 변화를 가져오는 속성이 아니다. 유기성은 사회적 가치를 실현하는 과정에서 얻게 되는 속성이다. 따라서 유기농업은 유기성이라는 가치를 만들어 내는 과정이며, 유기농산물은 눈에 보이지 않는 그 가치가 충분히 구현됐다고 인증된 먹을거리이다. 그렇기에 유기농산물의 인증 기준 역시 유기성을 제품에 구현하고 보호하는 '생산'과 '관리'

영역에 구성돼 있다.

국제유기농업운동연맹(IFOAM)*은 그러한 속성을 충분히 구현되도록 유기농업에 필요한 구체적 기준을 세우고 네 가지 원칙을 정하기도 했다. 건강의 원칙, 생태학의 원칙, 공정성의 원칙, 신중의 원칙 이렇게 네 가지다. 다음은 국제유기농업운동연맹이 정의한 유기농업의 4원칙에 대한 설명이다.

- 건강의 원칙: 유기농업은 토양, 작물, 가축, 사람, 지구의 건강을 나눌 수 없는 하나로 보고 유지하고 증진해야 한다.
- 생태학의 원칙: 유기농업은 살아 있는 생태계와 생태 순환의 원리를 바탕으로 이루어져야 하며, 생태계를 지속할 수 있게 유지해야 한다.
- 공정성의 원칙: 유기농업은 공공의 환경과 생존 기회에 대해 공정한 관계 위에 만들어져야 한다.
- 신중의 원칙: 유기농업은 현세대와 미래 세대의 건강, 그리고 환경을 보호하기 위하여 예방적이고 책임감 있는 방법으로 관리돼야 한다.

*국제유기농업운동연맹(IFOAM): 유기농업이 전 세계로 확산되면서 1972년 세워졌다. 독일에 본부를 두고 있으며 약 110여 개국의 회원국들이 2년마다 세계 총회를 연다.

유기농을 판별하는 기준을 바꾸자

우리나라에서 친환경 농산물 인증이 제대로 시작된 것은 2001년이다. 미국과 일본도 이즈음 유기식품 인증 제도가 시작됐으니 우리나라의 유기식품 인증 역사가 늦었다고 할 수 없다. 우리의 유기식품 인증 기준은 어떤 수준일까? 세계무역기구 가입 국가는 그 기준을 만들 때에 코덱스에서 정한 기준, 즉 국제 기준을 바탕으로 만든다. 우리나라, 유럽연합(EU), 미국, 일본도 '코덱스 가이드라인 32호'에 따라 기준을 만들었다. 이것은 우리나라 유기식품 기준이 다른 나라보다 절대 낮지 않음을 말해 준다. 그러나 결정적인 차이가 있다. 우리나라 유기농 인증이 다른 나라들과 크게 다른 점은 무엇일까? 바로 심사 방법론과 인증 방법론이다.

실험실 만능주의 혹은 결과 중심주의

겉으로 보기에 차이가 없는데 어떻게 유기식품인지 아닌지 알 수 있을까? 유기식품과 일반식품의 차이가 식품 속에 개념적으로만 들어 있기 때문에, 즉 눈에 보이지 않기 때문에 일반인이 제품만 살펴보고서는 유기식품인지 아닌지 결코 알 수 없다. 그래서 전문적인 훈련을 받은 사람이 필요하다.

농장과 가공공장을 찾아가 기준에 맞게 생산하고 있는지를 평가하는 일을 심사라고 하고, 심사를 전문적으로 하는 사람을 심사원이라 한다. 그리고 심사된 내용을 바탕으로 제품에 붙이는 표시물(라벨)을 관리하는 일을 인증이라고 한다. 그렇다면 심사와 인증을 어떻게 하는 것이 좋을까? 우리나라의 유기식품 심사 방법은 한마디로 '실험실 만능주의'라고 표현할 수 있다. 실험실주의를 달리 표현하자면 '결과 중심주의'라고 할 수 있다. '친환경농업육성법 시행규칙 별표6'은 심사를 하는 방법을 담고 있다. 이 별표6호를 읽어 보면 유기농에 대한 심사가 모두 실험실에서 이루어진다는 사실을 알 수 있다. 실험실에서 흙의 오염도, 수질, 작물의 잔류 농약, 우유나 축산물의 항생제, 심지어 퇴비에 항생제가 있는지 여부까지 분석하도록 하고 있다. 별표6은 이런 분석들을 위해 필요한 시료를 심사원이 생산 현장에서 어떻게 채취해야 하는지를 설명해 놓은 게 전부라고 해도 과언이 아니다. 한마디로 실험실에서 실험을 통해 분석한 자료를 근거로 유기농인지 아닌지를 판단하겠다는 것이다.

이런 방법은 일반인이 보기에는 참 좋은 심사 방법으로 보인다. 사람에게 해가 되는 것을 검출해서 가려내겠다고 하니, 소비자 편에서는 좋아할 수도 있다. 하지만 이와 같은 인증 방식에는 상당한 허점이 있는데, 그

것은 실험실 분석을 통한 인증이 유기식품 인증에 정말 효과적인 방법인지 10년이 넘도록 이 심사 방법론에 대한 평가가 이루어지지 않고 있다는 점이다. 단지 효과적이라고 다들 믿고 있는 것뿐이다. 그러면 다른 나라에서는 어떻게 하고 있을까? 살펴보자.

결과가 아니라 과정으로 판단한다

유럽연합이나 미국, 일본 같은 나라에서는 유기인증을 어떻게 할까? 이상하게도 그들은 실험실에서 분석을 하지 않고도 유기농인지 아닌지를 판단한다. 그게 가능할까? 나는 2007년 가을 일본유기심사(JAS) 일을 시작한 이래 줄곧 유럽연합, 미국의 기준에 따라 유기식품을 심사해 오고 있다. 이들이 정한 심사 방법은 실험실에서 하는 분석과는 상당히 다르다. 그 전까지 '한국식' 심사를 해 오던 나는 처음에 그 차이가 무엇인지 정리가 안 돼 혼란스러웠다.

그들은 인증을 위한 심사에서 실험실 분석을 하지 않는다. 분석은 단속의 도구로만 아주 드물게 쓰일 뿐, 유기농인지 아닌지 판가름하는 도구로 쓰이지 않는다. 심사원은 논, 밭, 목장을 찾아가 흙을 직접 만져 보고, 작물과 동물의 상태를 관찰한다.

유기농 우유를 생산하는 목장을 심사할 때, 동물의 외관을 보고 건강한지 평가한다. 사람의 얼굴과 자세를 보면 그 사람의 건강을 알 수 있듯이, 동물도 그들의 행태와 겉모습을 보면 건강하게 자라고 있는지 평가할 수 있다. 이를 위해서는 수의학적인 평가 모델이 쓰인다. 사육장 안의 공기는 냄새만 맡아 봐도 맑은 공기인지 나쁜 공기인지 알 수 있다. 일조량도 눈으로 평가할 수 있다. 동물의 움직임을 보고, 주변 환경을 관찰하고, 사육

과정을 확인한다. 적정한 영양 공급이 되도록 사료의 양과 질을 관리하고 있는지 계산한다. 동물의 어미 아비가 누군지 찾아보고, 생산물을 추적해 본다. 사료를 생산하는 농장과 방목하는 목초지에 들어가 흙의 상태와 식물군을 조사한다. 흙 속에 기생충이 살 수 있기 때문이고, 여러 식물군이 있어야 풀을 뜯는 동물이 편식하지 않고 영양을 골고루 섭취할 수 있기 때문이다.

다른 나라에서 시행 중인 이런 심사 방법들을 모두 열거하고 일일이 설명할 수는 없다. 하지만 분명한 것은 이런 심사 방법들을 현장에서 적용할 수 있도록 체계적으로 정리해 전문적인 심사원들을 훈련시킨다는 것이다. 심사원은 전문적인 평가를 위해 표준 급여량이나 동물의 소화흡수율 같은 데이터를 갖추고 있어야 한다. 유기 심사원은 전문가로서 지식과 양식을 갖추기 위해 계속 교육을 받고 공부해서 전문성을 높이기 위해 힘쓴다.

이와 같은 다른 나라의 심사 방법과 우리나라 심사 방법의 핵심적인 차이는 무엇일까? 그들은 과학기술이 만들어 낸 훌륭한 도구인 실험실 분석 시스템을 신뢰하지 않는 것일까?

어떤 성분을 검출해 낼 때 분석 기술을 사용하면 신뢰할 만한 데이터를 만들 수 있다. 하지만 아무리 분석 기술이 발전된다 하더라도 해결할 수 없는 부분이 있다. 축적된 정보와 감성을 활용해 결론을 내는 사람의 직관적이며 정성적인 판단력을 분석 기술로는 대체할 수 없다. 실제로 분석 기술의 한계로 인해 유기식품 판정이 왜곡되는 일이 비일비재하다. 따라서 그들은 실험실 대신 심사원을 전문가로 양성하는 길을 선택했다.

우리나라 인증기관들은 대부분 영세해 경영난을 벗어나지 못하고 있고, 심사원을 3D 업종 종사자쯤으로 대우해서 사람이 자주 바뀐다. 전문성을 갖춘 심사원은 한 손에 꼽을 정도다. 이렇게 어렵게 운영되는 인증기관들을 심지어 죄인처럼 보기도 한다. 언론에 유기농 못 믿겠다는 보도가 한번 나오면 근본적인 원인을 분석하기보다는 '비양심'으로 결론 짓고 단속을 강화하겠다는 당국의 계획으로 마무리된다. 반면 친환경 농업이 확대되면서 이익을 본 쪽은 잔류 농약 검사 등을 하는 분석 업종들이다. 해를 거듭할수록 실험실 분석에 대한 의존도가 높아지면서 많은 사회적 비용이 분석실로 들어가고 있다.

실험실에서 현장으로

우리가 '결과 중심주의'라면 유럽이나 미국 등은 '예방주의'라 할 수 있다. 우리가 실험실에 의존하고 있는 반면, 그들은 전문 심사원들을 양성하고 있다. 우리나라 관리 당국이 단속과 처벌을 해결책으로 삼고 있는 반면, 그들은 인증기관의 자율성과 관리 기술을 높여 문제가 생기기 전에 모니터링하여 사고를 예방하는 데 주력하고 있다.

앞에서 유기농이 무엇인지 화두를 던졌다. 유기농은 어떤 성분이 들어 있는지 들어 있지 않은지를 두고 말할 수 없다고 하였다. 유기농이란 생물학적 순환, 생물 다양성, 토양의 생물학적 활성화를 높여서 지속할 수 있는 방법으로 농사지은 농산물이다. 이런 생산 과정은 절대 실험실에서 분석해 낼 수 없다. 전문적인 심사 방법론을 활용할 때에만 유기적 생산과정을 평가할 수 있다.

소비자로서 우리는 어떤 심사 방법론에 손을 들어 줄 것인가? 어떤 성분이 있고 없고를 가리는 결과 중심주의를 선택해 실험실에 의존할 것인가? 아니면 생산 시스템과 생산 이력을 평가하는 과정 우선주의를 선택해 전문적 심사원을 양성할 것인가? 나는 감히 한국인들의 정신을 지배하고 있는 실험실 만능주의가 유기농의 본질과 의미를 왜곡하고 있는 현실을 이제 그만 멈추자고 말하고 싶다. 실험실에 의존하면 유기농이 아닌 것이 유기농으로 판정될 수 있고, 유기농이 맞는데도 유기농이 아닌 것으로 판정될 수가 있다.

　한국에도 전문 심사원들이 늘어나 '국제적 위상에 걸맞은' 기술 수준을 보여 줄 수 있기를 기대해 본다. 소비자를 포함한 유기농 관계자들이 패러다임을 바꾸어, '유기농에는 어떤 성분이 있어야 해' 또는 '어떤 성분이 없어야 해' 하는 식의 물질 중심의 사고를 벗어날 때 심사 방법론도 바뀔 수 있고 전문 심사원도 늘어날 수 있다. 유기 심사는 지속가능성이라는 보이지 않는 가치를 평가하는 전문적 업종이다. 이것은 절대로 실험실에서 분석되지 않는다.

유기농에 들어 있는 진짜 좋은 것은?

우리 집 큰아이가 백일쯤 되었을 무렵부터 귀 아래에 아토피가 살짝 보이기 시작하더니, 10개월쯤 되었을 때 없어졌다. 그러다 14개월쯤 되었을 때 이번에는 양쪽 종아리에 심하게 나타났고, 그 후 아내는 눈물로 아이를 키웠다. 이해가 되지 않았다. 아내와 나는 결혼 전부터 유기농업이 사회에 얼마나 필요한 일인지 알고 있었고, 먹는 것을 조심해 왔기 때문이다. 아이를 키우면서 깨달은 것은, 먹을거리만이 아니라 세상을 유기적으로 만들어야 내 아이의 아토피를 낫게 할 수 있겠다는 것이었다. 집에 텔레비전도 없애고, 공동육아를 거쳐 대안학교를 보내면서 이제는 부모가 유기적인 세상을 가꾸고 즐기려는 마음이 깊어졌다.

초등학교 4학년이 된 아이는 아토피로 고생하지 않게 되었다. 하지만 어쩌다가 라면, 치킨, 아이스크림을 먹는 날이면 어김없이 가려움을 호소한다. 일 년에 몇 차례 이런 음식을 먹을 기회가 있다. 하지만 아이는 그 후 폭풍이 얼마가 거센지 알고 있어 스스로 먹을 것을 조심한다. 아이에게 유기농 식품이 어떻게 생산되는지 한 번도 설명한 적이 없지만, 자신의 몸으로 배웠기 때문에 유기농이 뭔지 안다.

"왜 유기농 식품을 먹어야 할까?"라고 물으면, "유기농엔 좋은 것만 들어 있잖아" 하고 답한다. 나는 유기농에 들어 있는 '좋은 것'이 진정으로 무엇을 뜻하는지 아이가 조금 더 자라면 자세히 설명해 줄 생각이다. 그건 영양가가 더 높은 것도 아니고, 농약, 항생제 따위의 성분이 안 들어 있다는 설명으로 대체될 수 없다.

유기농은 영양가를 높인 식품일까?

얼마 전 보도된 바로는 우리나라 소비자 단체에서 유기농 우유와 일반 우유를 실험실에서 분석해 비교해 보았는데, 영양 성분과 유해 물질에 차이가 없었다고 한다. 그분들은 이와 같은 분석 결과를 근거로 일반 우유와 품질의 차이가 없는 유기농 우윳값이 더 비싸면 안 된다고 주장했다. 이런 주장은 과연 타당한 것일까?

소비자의 한 사람으로서, 또 아토피로 고생하는 딸을 가진 아빠로서 먹을거리에 무엇이 들어 있을지 늘 궁금하다. 우리나라 소비자들도 마찬가지 생각인 것 같다. 실험실에서 현미경을 통해 뭔가 좋은 물질을 발견하고 싶어 한다. 소위 전문가들이 했다는 우유의 영양 성분 분석 실험은, 초등학교 4학년인 우리 아이가 유기농에 대해 생각하는 수준과 하나도 다름이 없다. 유기농에는 좋은 것만 들어 있어야 한다. 이는 또한 우리 소비자들의 전반적인 생각과 다르지 않을 것 같다.

내가 유기농 인증기관에서 일하기 시작한 것이 2001년이었다. 우리나라에서 친환경농업이 빠르게 확대되기 시작한 것도 그해부터였다. 생산과 소비 모두 연 20퍼센트씩 성장했다. 우리나라뿐 아니라 온 세계가 그러했다. 유기식품 시장은 산업화가 빨랐던 선진국과 늦게 산업화에 뛰어든 후발국에서 함께 성장하는 유일한 분야이다. 얼마나 이상적인 산업인가? 생산자와 소비자 모두에게 좋고, 선진국과 후진국이 함께 발전하는 산업, 흙과 물을 살리고 다양한 생물종과 공존하는 산업!

우리나라에서 이 매력적인 산업에 먼저 눈뜬 쪽은 생산자였다. 생산자는 화학산업과 석유 자원에 의존하는 농업을 경험했고, 그 방식은 생산성을 지속할 수 없는 농업임을 깨달았다. 자신이 가꾸는 흙과 함께 농사짓는 자신의 몸이 생명력을 잃어 가는 과정을 직접 겪으면서 땅과 작물과 몸에 다시 생명을 불어넣고자 하는 생산자들의 자각으로 유기농업이 시작된 것이다. 소비자들에게도 자각이 일어났다. 날로 심해져 가는 아토피, 천식, 주의력결핍과잉행동장애(ADHD)가 먹을거리 때문이라는 발표가 연이었고, 집집마다 유기농 식품을 밥상에 올리기 시작했다. 아토피가 있는 큰아이를 키우며 힘들어하던 내 아내처럼 많은 주부들이 자식들의 증상에 힘들어하고 눈물을 흘렸으리라.

하지만 여기서 유기농 산업에 동참하게 된 생산자의 동기와 소비자의 동기가 조금 다르다는 것을 볼 수 있다. 생산자는 주로 흙을 살리기 위해, 스스로 지속할 수 있는 환경을 만들기 위해 유기농업을 시작했지만, 소비자는 주로 식단을 개선하려고 유기농을 선택했다는 것이다. 나는 결코 개인적인 욕구에 따라 합법적인 시장에서 좋은 상품을 선택하는 행위가 나쁘다고 말하는 것이 아니다. 자본주의 시장에서 그것은 바람직할뿐더러 유기농 시장을 확대하는 동력이 되기도 한다.

다만, 소비자의 선택 기준이 개인적 건강과 식품의 안전성에만 치우쳐 있다면, 생산자가 시작한 공익적 동기는 점점 무색해질 수밖에 없다는 우려를 말하고 싶다. 아니 오히려 생산자의 공익적 의지마저 왜곡할 수 있다고 감히 말하고 싶다.

더 가치 있는 선택을 위한 인증 제도

선진국이 되어 갈수록 '책임지는 소비'가 늘게 된다. '책임지는 소비'란 사회적으로 환경적으로 바람직한 제품을 선택하는 소비를 말한다. 소비자가 시장에서 상품을 선택하는 전통적인 기준은 가격과 품질이었다. 더 싼 값으로 더 좋은 품질의 상품을 선택하기 위해서 소비자는 정보를 모으고 분석하는 일을 소홀히 하지 않는다. 하지만 점점 더 많은 세계의 소비자들이 사회적, 환경적 가치가 더해진 상품을 선택하고 있다. 소비자가 가치 있는 상품을 선택하는 것은 더 나은 사회와 생태 환경을 만드는 일과 같다고 보는 것이다. 소비자가 더 가치 있는 제품을 선택하도록 도와주는 인증이 많이 있다.

다국적 자본이 개발도상국 생산자들의 이익까지 챙겨 가는 상품이 만연한 가운데, 양쪽의 공정한 무역을 통해 생산자들도 함께 이익을 공유하고 있음을 인증하는 '공정무역 인증 상품', 석유 자원과 합성물질에 의존하는 농산물보다는 지속가능할 수 있는 방법으로 재배하고 사육한 유기농산물과 유기농 가공식품임을 인증하는 '유기인증식품', 불법 어획, 남획, 혼획하지 않고 어족 자원을 지속시킬 수 있게 관리한 수산물임을 알리는

공정무역인증 표시 　　　FSC 인증 표시　　　MSC 인증 표시

'MSC 인증 상품', 남벌을 하지 않고 식물과 동물 생태계를 잘 보전하면서 얻은 펄프, 목재, 임산물임을 확인해 주는 'FSC 인증 상품' 등은 품질이 뛰어남을 증명하는 대신 공공의 가치를 담고 있음을 알리기 위한 것들이다.

책임지는 소비자는 개인적인 선택 기준을 넘어 사회적, 환경적인 가치를 추구하는 시장을 만들기 위해 기꺼이 더 많은 돈을 내고 이런 상품을 선택한다. 이런 선택이 당장 나에게 더 많은 이익을 가져다주지는 않지만, 현명한 소비자는 사회와 환경이 지속할 수 있을 때 개인의 건강과 안녕이 보장된다는 진리를 시장에서 실천한다.

지금까지 유기식품을 소비하는 것이 개인의 건강과 식품의 안전성을 위한 것이었다면, 이제 우리나라 소비자들도 상품 선택 기준을 한 단계 높은 수준으로 올릴 때가 되지 않았을까? 유럽이나 미국 등 다른 나라에서 하는 유기식품 인증 심사는 잔류 농약 분석, 항생제 분석을 하지 않는다. 그들은 유기농산물에 담긴 가치를 그런 물질들이 들어 있다거나 들어 있지 않음으로 평가하지 않는다. 그런데도 유기 인증을 받은 식품은 소비자들에게 가장 신뢰할 만한 상품으로 꼽힌다. 반면에 그런 나라들을 방문하는 우리나라 소비자들은 무항생제 축산물이라는 표시 대신 동물복지를 배려한 윤리적인 사육 방식으로 생산됐다는 표시들을 보며 고개를 갸웃거리기도 한다.

물질 중심으로 사고하게 되면 유기농의 사회적 가치는 점점 퇴색하고, 책임지는 생산자들의 동기도 변할 수 있다. 생산 현장과 생산과정을 모르쇠하고 결과물에만 집착할 경우, 유기농업이 갖는 가치나 사회적 기여는 사라지고 단지 부유한 소비자의 특별한 소비 욕구를 만족하게 하는 값비싼 상품으로 전락하고 말 수도 있다. 매우 안타깝게도 최근 우리 사회는 이런 방향으로 나아가고 있는 듯하다.

유기농 쌀을 예로 본 유기농산물 생산 기준

우리는 유기농산물을 소비하면서도 어떻게 만들어지는지를 잘 알지 못하는 경우가 많다. 유기농업은 생물 다양성 증진과 토양의 생물학적 활성화를 통하여 작물을 재배하는 과학적인 농산물 재배 기술이다. 이제 벼농사를 예로 들어 유기농산물이 어떻게 생산되는지 알아보자.

완충지

완충지란 타인의 관행 농장 혹은 기타 오염원에 가까운 자기 토지의 일부분을 바람 때문에 오염되는 것을 막는 구간으로 설정하는 것이다. 완충지에서는 유기농산물과 똑같은 방법으로 생산하지만 관행 농산물로 취급한다. 유기농 농부가 소득만을 생각한다면 완충지로 빠지는 면적만큼 손해가 생기는 일이지만, 생산물이 화학물질로부터 접촉할 기회를 최대한 막기 위해서 손해를 감수하고 완충지를 만든다.

물 관리

벼농사는 다른 농사보다 물이 아주 중요하다. 논에 물이 풍부하게 공급이 되어야 생산량도 많아지고 쌀 맛도 좋아지기 때문이다. 그래서 물의 원천이 오염되지 않도록 관리해야 한다. 물의 원천이 되는 저수지나 지하수가 오염되지 않도록 관리하는 것은 유기농업뿐만 아니라 관행 농업에서도 중요하다. 정부에서는 농사에 쓰이는 물의 수질에 대해 '농업용수' 기준을 마련하여 물 관리를 하고 있다. 유기농업에서는 농업용수 기준에 맞아야 하는 것은 기본이고, 물이 공급되는 경로도 살핀다. 관행 농업을 하고 있는 논을 거쳐서 유기농 논으로 물이 들어온다면 물이 화학 자재로 오염되었을 가능성이 높아지므로, 그런 물은 들어오지 못하도록 차단한다. 혹은 물이 공급되는 수로에 누군가 제초제를 뿌렸거나 빈 농약병 따위를 버렸다면, 그 물도 화학 자재로 오염되었을 가능성이 높다. 이런 경우에도 그 물은 차단해야 한다.

자연 활용

유기농업을 한다고 해서 작물이나 흙에 아무것도 안 쓰는 것이 아니다. 합성농약과 화학비료를 사용하지 않을 뿐, 천연 상태에서 유래한 자재들을 퇴비 따위로 만들어 잘 활용하는 것이 좋다. 작물이나 토양을 과학적으로 관리하지 않고 방치하는 농업은 유기농업이 아니다.

유해한 곤충이나 벌레를 퇴출하기 위하여 합성농약을 쓰는 대신에 천연 식물추출물로 만들어진 자재를 사용하기도 하고, 작물에 해로운 병균을 억제하기 위하여 이로운 미생물을 쓰기도 한다. 때에 따라서는 인위적으로 천적을 방사하기도 하지만, 자연스레 천적의 개체 수가 늘어나도록 환경을 조성하기도 한다.

벼농사는 씨앗을 잘 소독해야 튼튼하게 자라고 병과 해충에 대한 저항력이 높아진다. 관행 농업에서는 씨앗 소독에 합성농약을 쓰지만 유기농업에서는 소금물과 뜨거운 물에 담그는 방법을 쓴다. 이렇게 전통적인 방법을 사용해도 효과가 꽤 있다.

관행 농업에서는 넓은 면적에 한 가지 작물을 심어서 생산 효율을 높이려 한다. 이것을 '단작'이라 한다. 또 특정한 작물을 해마다 반복해서 심는다. 이것을 '연작'이라 한다. 단작과 연작으로 특화작물을 대량생산하고 유통하는 농사는 힘은 덜 들이고 이윤은 많이 남기게 된다. 이런 단작과 연작을 행하는 관행 농업을 하면 생물 다양성은 손상되고 생태계 균형이 파괴된다. 그 결과로 새롭고 더 강력한 병해충이 생기고, 그에 따라 농약 사용량이 늘어날 수밖에 없다.

유기농업에서는 단작을 지양하고 되도록 다양한 작물을 재배하도록 한다. 이것을 '혼작'이라고 한다. 또 연작을 금지해 같은 종류의 작물을 연이어 심는 것을 막고 있다.

이번에 고추 농사를 지었다면, 다음번에는 고추가 아닌 옥수수나, 콩과 같이 과(科)가 다른 작물을 심도록 하여 토양의 지력을 유지하도록 한다. 이것을 '윤작'이라고 한다. 혼작과 윤작은 유기농업을 실천하는 데 기

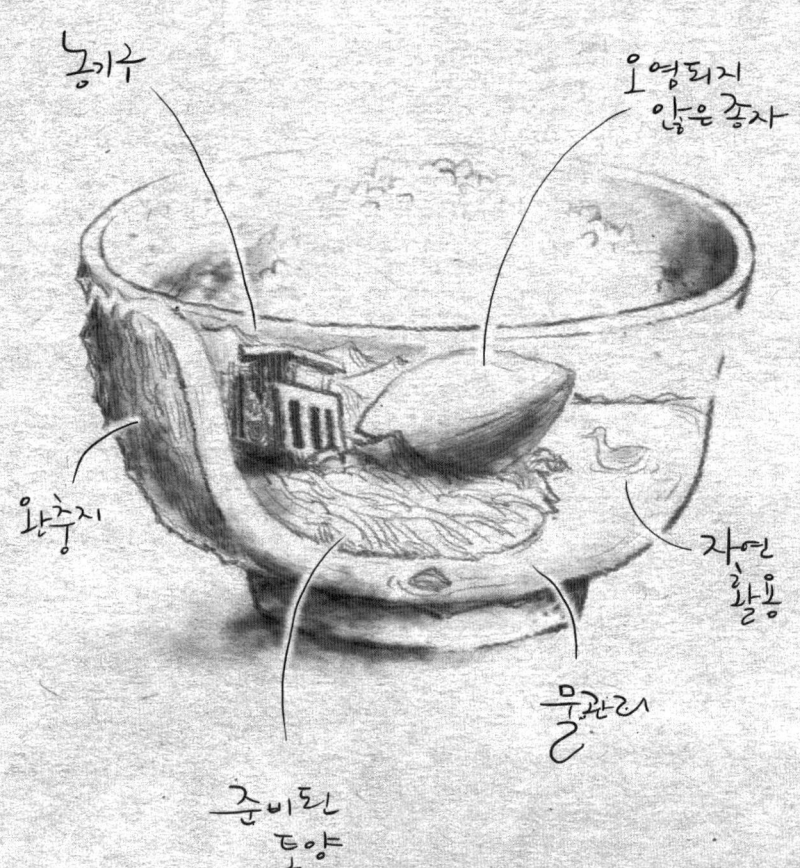

본이 되는 원칙이다.

벼농사도 마찬가지이다. 일반적으로 벼는 여름철에 재배를 하고, 겨울에는 땅을 쉬게 한다. 쉬는 동안 밀, 보리 같은 작물이나 자운영같이 흙의 힘을 되살리는 데 도움이 되는 식물을 심도록 한다. 그렇게 하면 흙의 힘도 살리고 양분과 유기물을 흙에 공급하는 효과를 얻게 된다. 이런 방법이 모두 자연의 에너지 순환 원리를 활용하는 과학이라고 할 수 있다.

오염되지 않은 씨앗

유기농 벼농사의 시작은 튼실한 씨앗을 확보하는 데서 시작된다. 농부는 수확을 앞두고 논에서 가장 튼실하게 자란 개체를 선택해서 씨를 받아 둔다. 그 씨들은 이듬해 모판에 뿌려지게 될 것이고, 한 해 농사의 풍년을 기약하는 자식과도 같은 존재가 된다.

미국에서는 유전자조작 기술을 이용해, 제초제를 뿌려도 죽지 않는 콩이나 옥수수 씨를 만들어 냈다. 엄청난 규모로 콩이나 옥수수를 심어 놓고 비행기나 헬기로 제초제를 살포한다. 그러면 콩이나 옥수수는 제초제를 맞고 흡수해도 죽지 않으면서, 잡초들은 죽게 되므로 효율적으로 많이 거둘 수 있다. 이런 콩과 옥수수는 미국에서 소비될 뿐만 아니라 세계 여러 나라로 팔려 나가 가축 사료나 식용유의 원료가 된다. 우리나라도 예외가 아니다. 이와 같은 유전자조작 종자는 유기농업에서는 금지되어 있다.

자연에서는 튼실한 씨앗이 살아남고, 병해충에 약한 씨앗은 도태된다. 작물은 스스로 종자를 개량해 험난한 생태계 환경에서 생존하는 힘을 키운다. 그런데 농사는 사람이 끼어든 것이므로, 작물 스스로 강하게 개량될 기회를 잃어버리게 된다. 이런 한계 때문에 유기농업에서는 최대한 스스로 병에 강해지도록 농부가 작물을 도와야 한다. 농약과 화학비료 없이도 잘 성장할 수 있는 씨앗을 선택해야 한다. 화학 자재 없이 성장한 유기농장의 작물에서 씨앗을 채취해 가장 튼실한 개체를 선택해 사용한다.

관행 농업에 사용한 농기구

관행 농업에 사용한 장비를 그대로 유기농업에 사용하게 되면, 관행 농업에 쓰인 화학물질들이 장비에 남아 있다가 유기농장이나 작물을 오염시킬 수 있다. 관행 농업에서 농약을 뿌리는 데 쓴 장비를 깨끗한 물로 아무리 씻는다 해도 화학 성분은 남을 수밖에 없다. 또 수확할 때 쓰는 장비를 관행 농업에 사용했다면, 관행 농산물 찌꺼기가 장비에 남을 수 있다. 그래서 장비 사용에도 일정한 제한을 둔다. 벼농사의 경우를 보면 다음과 같다.

- 모판: 논에 모를 심기 위해 씨앗을 뿌려 미리 키우는 납작한 판이다. 유기농업 전용 모판이 필요하다.
- 이앙기: 손으로 모를 심지 않고, 자동으로 모를 심는 데 쓰는 장비로 사람이 운전한다. 유기농 모를 심기 전에 장비를 청소해야 한다.
- 살포 장비: 보통 농약이나 비료를 뿌릴 때 쓰는 장비다. 유기농업에서도 천연 자재나 퇴비 따위를 뿌릴 때 쓴다. 살포 장비는 유기농업 전용으로 갖추어야 한다.
- 콤바인: 수확할 때 벼를 베고 낱알을 털어 내는 장비다. 낫으로 수확

할 때보다 수백 배나 효율적이다. 유기농 벼를 수확하기 전에 반드시 청소하고 청소 상태를 확인받아야 한다.

   건조기: 수확한 벼를 말리는 데 쓴다. 바람을 불어넣는 설비가 들어 있는 커다란 통이다. 벼는 수분을 적당히 유지해야 품질이 높고 밥맛이 좋다. 관행 벼와 유기농 벼는 시간상으로 또는 공간상으로 분리된 상태에서 장비를 이용해야 한다.

   도정 시설: 벼 껍질을 벗겨 현미를 만들고, 현미의 겉을 깎아 백미로 만들어내는 시설이다. 옛날에는 방앗간이라 했다. 역시 관행 쌀을 생산하는 공정과는 시간상으로 또는 공간상으로 분리된 상태에서 장비를 이용해야 한다.

이처럼 도구와 장비를 사용하는 것도 유기농 생산 기준에 따라야 한다. 유기 농부들은 장비, 시설 따위를 관리하는 것도 일반 농부들과 달리 까다로운 과정을 거치게 된다. 이런 과정들은 모두 기록이 되어 유기심사원들에게 평가를 받는다.

준비된 토양

오랜 시간 합성농약과 화학비료에 기대 농사를 지어 온 결과 건강하던 흙은 거칠어지고 약해졌다. 이런 흙은 농업의 지속성을 위협하게 되었고, 유기농업을 시작할 수밖에 없는 환경을 만들었다.

흙을 다시 기름지고 지속할 수 있는 상태로 만드는 것은 짧은 시간에 할 수 있는 일이 아니다. 술, 담배에 중독된 사람이 그것을 끊는 데에는 강한 집념과 지속적인 노력이 필요한 것처럼, 농약과 비료에 중독된 것이나 마찬가지인 관행 농지가 화학 자재 투입을 멈추었다고 하여 바로 유기농업을 성취했다고 할 수는 없다.

유기농업 기준을 보면 한 땅에서 2년 또는 3년 동안 유기적인 방법으로 재배한 다음부터 생산된 유기농산물에 '유기'라는 표현을 할 수 있다. 땅에 집적된 오염 물질을 분해해 땅이 스스로 비옥해지고 지속할 수 있는 상태가 되는 기간을 2년 또는 3년으로 정한 것이다. 이렇게 땅이 생명력을 되찾는 기간을 '전환기간'이라고 한다. 전환기간을 다 보낸 땅에서 생산한 농산물만 유기농산물로 인정을 받게 된다.

유기농 논을 관찰하면, 우렁이, 민물새우, 개구리, 잠자리 유충, 물방개, 소금쟁이, 심지어 붕어까지 있고, 새벽이슬 내린 논은 예쁜 이슬방울이 맺힌 거미줄로 장관을 이룬다. 논 자체가 살아 있는 생태계를 이루고 있다.

논이 살아 있는 생명체와 같이 바뀌려면 일정한 시간이 필요하다. 흙 속 미생물의 종류가 다양해지고 숫자도 충분히 많아지고 왕성하게 활동할 수 있는 환경이 갖춰져야 한다. 이렇게 생명력을 회복하기까지 최소한 2년은 걸리는 것으로 보고, 2년의 전환기간을 거친 다음에 모내기를 한 벼부터 '유기농 쌀'로 표시할 수 있도록 하고 있다. 2년의 전환기간 후에 모내기를 했으니, 수확까지의 시간을 고려하면 실제 전환기는 대략 3년인 셈이다. 3년 정성의 유기농산물은 이렇게 만들어진다.

이처럼 재배 과정에서 많은 정성을 들인 것 외에도, 수확 후에는 일반 농산물과 구분해서 따로 보관하고, 유통 과정 추적 체계를 만들고, 쥐약이나 곰팡이 제거용 훈증제 따위를 저장 시설에서 사용하지 않는 등의 세심한 노력이 더해져야 한다.

개인적인 건강만을 생각한다면 이처럼 까다로운 생산 기준에는 관심이 없을 수 있다. 생산된 유기농산물에서 농약이 검출되는지에만 관심을 두고 결과 중심의 사고에 빠질 수 있다.

하지만 유기농산물의 진가는 결과가 아니라 생산과정을 살펴볼 때에 알 수 있다. 흔히 소비자들은 어쩌다 한번씩 유기농산물에서 농약이 검출되었다는 뉴스 보도를 보고 실망하는 경우도 있다. 이런 것은 생산과정에 초점을 두지 않고 결과를 중심에 두고 보도해 시청자가 민감하게 반응하도록 하는 언론의 행태로 여겨진다. 어떤 산업에서든 불량품이 나타날 수 있는데, 특히 농업에서는 통제하기 어려운 변수들이 더 많이 존재하므로 일부 제품의 부정적인 결과에 소비 경향이 좌우되는 것은 바람직하지 않다고 본다.

대부분 유기농산물은 환경과 지속가능성이라는 가치를 실현하며 생산되고 있다는 사실을 기억하고 유기농산물의 가치를 한번 더 되새기면 좋을 것 같다.

유기농 우유를
예로 본
유기축산물
생산 기준

유기농 우유를 사는 소비자는 일반 우유와 비교하면 뭔가 특별한 성분이 더 들어 있을 것이라고 기대한다. 유기농 우유에는 뭔가 특별한 성분이 있을 수도 있다. 그렇지만 유기농 우유의 진정한 가치는 최종 제품이 함유한 성분이 아니라 우유를 생산하는 과정에 있다.

유기농 우유는 곡식이나 채소를 재배하는 것보다 더 복잡한 과정을 거치게 된다. 일단 소를 먹이는 사료가 유기농산물이어야 하므로 기본적으로 곡식이나 채소를 재배하는 기준이 적용되면서, 그에 더하여 동물을 관리하는 기준이 적용된다.

유기 사료

유기농 우유를 비롯한 유기축산물은 먼저 유기 사료를 확보해야 한다. 일반 사료의 주원료는 유전자조작 씨앗으로 생산한 대두, 옥수수 등이다. 반면에 유기 사료는 사람이 먹는 유기식품과 같이 화학적 첨가물을 사용할 수 없고, 원료는 모두 유기인증을 받은 농산물이라야 한다.

유기농 우유를 생산하기 위해 관리되는 소들은 미네랄, 비타민 등 보조 사료를 제외하고는 100퍼센트 유기 사료를 먹고 자란다. 게다가 반추동물이 가진 고유의 신진대사 기능을 개선하고 자연적인 생리 활성을 위하여 섬유질이 많은 볏짚이나 건초를 먹인다. 건초도 농약과 비료를 사용하지 않고 유기적으로 재배한 것이어야 한다.

가축 면역력 증강

유기축산에서는 가축이 본능에 따라 기본적인 활동을 할 수 있는 충분한 공간을 제공하도록 하고 있다. 동물들에게 쾌적한 환경을 제공함으로써 면역력을 키우도록 하는 것이다.

유기농 우유를 생산하는 소에게는 넉넉한 일조량, 적절한 통풍, 맑은 공기, 깨끗한 축사, 부드럽고 깨끗한 깔짚이나 톱밥, 충분히 움직일 수 있는 공간과 운동장을 준다. 소는 건초를 먹으므로 깔짚까지 유기농 부산물로 깔아 준다. 이렇게 건강하게 관리되는 소는 항생제를 맞히지 않아도 병에 강해져서 스스로 건강을 유지할 수 있다.

동물 복지

유기축산에서는 동물의 생명도 소중한 것이라는 생각으로 본능적 욕구를 최대한 보장해 주고 있다. 닭이나 오리는 날갯짓을 하는 데 불편함이 없어야 하고, 본능에 따라 횃대에 올라앉고 싶어 하므로 긴 장대를 축사 안에 설치해 횃대로 쓰이도록 한다. 오리는 강이나 호수에서 헤엄치려는 본능이 있으므로, 그것에 맞게 수변 공간을 마련해 주어야 한다.

관행 축산업에서는 가축을 쉽게 다루거나 육질을 좋게 하려고 거세를 하거나, 뿔을 뽑고, 꼬리를 자르고, 부리를 자르고, 좁은 우리에 가두어 평생 꼼짝하지 못하게 만들어 살찌우고 알만 낳게 하는 방법까지도 사용한다. 인간의 미감과 생산성에만 관심이 있을 뿐 생명의 존엄성에는 의미를 두지 않는 모습이다.

동물 복지는 가축을 운반하고 도축할 때에도 적용된다. 가축을 운송할 때에는 가축이 스트레스를 받지 않는 방법을 이용해야 한다. 도축할 때에도 고통을 최소화하는 방법을 써야 한다.

젖소에게도 동물 복지는 예외가 아니다. 송아지에게 먹일 젖까지 모두 짜내서는 안 된다. 송아지가 태어났을 때에는 최소한 초유를 먹여야 하고 혹독한 날씨나 환경으로부터 보호해 주어야 한다. 필요하면 일정 기간은 어미 소와 함께 두어 교감하는 시간을 갖게 해야 한다. 송아지에게도 유기 사료를 먹이고 유기적인 방법으로 길러야 한다.

가축의 건강 상태는 정기적으로 점검해야 한다. 유방염이 없는지, 다리 부위에 질병이 없는지 잘 관찰하고, 걷는 모양, 앉은 자세, 체격을 살펴보면서 건강 상태가 어떤지 주의 깊게 점검해야 한다. 기생충이나 해충이 건강을 해치지 않도록 최적의 환경을 제공해야 한다. 이런 조건들은 우유의 위생 상태나 품질을 결정하는 요소들이므로 사람의 건강을 위해서도 꼭 필요한 기준이다.

여름철 혹서기에는 방목지에도 쉴 수 있는 그늘을 만들어야 한다. 적당히 운동할 수 있는 야외 공간이 축사와 함께 설계돼 있어야 한다.

방목

유기축산이라고 하면 아마도 넓은 풀밭에서 풀을 뜯고 있는 소 떼, 뛰어노는 돼지, 활개치는 닭들을 연상할 것이다. 실제로 이런 모습은 유기축산의 기본 조건이 된다. 소, 양과 같은 초식동물은 방목을 해서 다양한 식물을 뜯어 먹게 해야 한다. 풀밭이라고 하여 같은 종류의 식물을 인위적으로 심어서 동물을 먹이는 것이 아니다. 여기에도 생물 다양성의 원칙이 적용되는데, 자연이 선사한 여러 종류의 풀이 함께 자라나는 풀밭을 만드는 것이 좋다. 소도 편식을 하지 않고 골고루 영양분을 먹도록 식물군을 관리하는 것이다. 이렇게 동물을 방목하면 가축의 배설물은 풀밭으로 돌아가게 된다. 우유를 생산하기 위해 에너지원이 되어 준 풀밭에 식물들이 잘 자랄 수 있도록 동물이 에너지원을 되돌려주는 것이다. 이것이 에너지 순환의 원리이다.

유럽이나 북미 지역보다 우리나라는 현실적으로 넓은 풀밭에 가축을 방목하기 어렵다. 이용할 수 있는 국토의 면적이 작아 넓은 면적을 축산업에 할애할 수 없기 때문이다. 더구나 환경부에서 관할하는 법령은 가축이 야외에서 배설하는 것을 불법으로 규정하고 있다. 그래서 유기축산 국제 기준에서 요구하는 방목이라는 조건을 더욱 지키기 어렵다. 이런 사정으로 방사 대신 다른 방법을 허용하고 있는데, 알팔파(자주개자리)나 헤어리베치 따위의 조사료 작물을 재배해 유산균 등으로 발효시킨 건초 사료를 줄 수 있게 되어 있다.

하지만 유기축산의 원칙은 동물들이 자연환경에 최대한 자유롭게 접근하고 활동할 수 있도록 하는 것이므로, 비록 충분하지는 않더라도 언제든지 우리에서 나와 야외 활동을 할 수 있도록 사육장을 설계하는 것은 기본 조건이다.

분뇨 자원화

유기축산에서는 동물이 배설한 분뇨를 어떻게 처리하는지도 중요하다. 가축의 분뇨는 폐기물이 아니라 자원으로 여겨야 하며, 이를 좋은 퇴비로 만들어 농장에 다시 뿌려야 한다. 유기농산물의 기준에는 논밭에 뿌리는 가축 분뇨는 충분한 발효 과정을 거쳐 썩혀서 익힌 것이어야 하고 유기축산에서 나온 것을 최고로 꼽는다. 현재 유기축산에서 나온 분뇨량으로는 유기농산물 생산 경지 면적을 다 채울 수 없으므로 조건에 따라서 일반 축분뇨를 허용하고 있지만 유기축산에서 나온 자원을 이용하는 것을 우선으로 하고 있다.

축산물 분뇨는 잘 쓰면 자원이 되지만, 관리를 잘못하면 오염원이 될 수도 있다. 유기축산을 실천하면서 환경을 오염시키는 것은 유기농업의 기본 원리와 모순이 된다.

이상과 같이 유기축산물 생산 기준을 살펴보았는데, 움직이는 생명체인 동물을 다루는 기준인 만큼, 농산물보다 축산물 생산 기준이 더 복잡하고 실천하는 데 어려움이 있다. 유기축산은 더 맛있는 축산물을 생산하는 것보다는 환경을 보전하고, 동물 복지를 실천하는 것을 주요 기준으로 하고 있다.

그러나 안타깝게도 축산물은 보통 생산과정에 대한 고려 없이 단지 맛으로 평가될 뿐이다. 쇠고기를 예로 들면, 등급이 높은 쇠고기는 이른바 마블링이라는 지방층이 살코기에 골고루 퍼져 있어야 한다. 고기를 더 부드럽고 맛있는 육질로 만들기 위해 지방층을 형성해야 하는데, 쇠고기 지방질은 영양학적으로 콜레스테롤을 생성할 수 있어 사람의 건강에는 좋지 않을 수도 있다.

유기축산 기준에 따라 방목을 하고 동물의 자연스러운 활동을 보장하게 되면 근육을 많이 사용하게 되어 마블링이 생기기 어렵다. 그래서 유기축산으로 생산한 쇠고기는 맛으로만 평가하는 지금의 평가 시스템에서는 좋은 등급을 받기 어렵다. 그러나 영양학적인 면과 친환경적인 면을 모두 생각할 때, 바람직한 축산물은 유기축산물이라고 할 수 있다. 소비자가 단순히 맛을 추구하는 데서 벗어나 상품 선택 기준에 농축산물의 친환경성과 유기성이라는 가치를 더 중요하게 여긴다면 새로운 농축산물 생산 시스템을 발전시킬 수 있을 것이다.

유기농 두부를
예로 본
유기가공식품
생산 기준

유기농산물과 유기축산물의 생산 기준은 1차 생산물에 '유기성'이라는 가치를 실현하는 과정을 보여 주고 있다. 유기가공식품은 1차 생산물에서 생성된 보이지 않는 사회적 가치인 유기성을 보존하는 것이 가장 중요한 목적이 된다.

식품을 가공할 때에는 위생과 영양 등 여러 면을 고려해야 한다. 하지만 유기식품에 대해 논할 때에는 유기성을 훼손하지 않고 얼마나 잘 가공하고 취급하는가가 중요하다. 그렇다고 유기식품에서 위생이나 영양이 중요하지 않은 것은 아니다. 유기식품을 포함한 모든 식품의 안전성과 품질은 중요하다. 유기식품은 그런 기본적인 기준에 더하여 '유기성'이라는 속성이 추가된다는 의미다.

유기농산물이나 유기축산물 등 1차 생산물을 가지고 가공식품을 만들 때의 기준은 크게 유기 원료를 이용해 가공하는 방법과 유기성을 훼손하지 않도록 관리하는 방법으로 나뉜다.

유기 원료의 바른 사용

유기가공식품에서 가장 기본이 되는 기준은 유기 원료를 써야 한다는 것이다. 유기 원료가 100퍼센트가 되지 않더라도 95퍼센트 이상 유기 원료를 써야 유기식품으로 인정이 된다. 유기 원료가 아닌 일반 원료나 식품첨가물은 5퍼센트 이내에서 쓸 수 있는데, 식품첨가물은 식품첨가물 허용 목록에 있는 것만을 쓸 수 있다. 식품첨가물 중에 화학적 합성물질은 대부분 허용 목록에서 제외되어 있다. 식품가공에 꼭 필요하고 대체할 천연의 물질이 없는 경우에만 허용하고 있다.

일반 원료라 할지라도 유전자조작 기술이 사용된 것과 방사선으로 살균한 것들은 쓸 수 없다. 그리고 일반 원료를 대체할 수 있는 유기 원료를 시중에서 구할 수 있다면 유기 원료를 써야지 일반 원료를 사용하면 안 된다. 최종 제품에서 유기 원료가 차지하는 중량이 전체 무게의 95퍼센트 이상이어야 한다. 가공 과정에서 쓴 물과 소금은 중량 계산에서 뺀다. 즉 물과 소금은 기준에 적합한 것이라면 얼마든지 쓸 수 있다는 말이다.

유기농 두부를 만들 때에 사용하는 콩은 유기농산물 인증을 받은 것이어야 한다. 5퍼센트까지 일반 원료가 쓰일 수 있다고 하여, 유기농 콩 95퍼센트와 일반 콩 5퍼센트를 함께 사용할 수는 없다. 같은 품목의 원료가 동시에 유기와 비유기이면 안 된다는 기준이 있다. 두부를 만드는 과정은 다음과 같다.

- 침지: 콩을 물에 담가 두어 불리는 공정. 이때 쓰는 물은 먹는 물 기준에 맞아야 한다.
- 분쇄: 불린 콩을 기계로 간다. 이 공정은 물리적인 공정이므로 장비 세척만 잘한다면 큰 문제는 없다.
- 여과: 간 콩을 촘촘한 거름망에 통과시켜 비지를 걸러내고 콩물을 빼낸다.
- 삶기: 콩물을 삶는다. 솥을 가열해 끓이는 방법도 있고, 밀폐된 용기에 콩을 넣고 용기 안에 뜨거운 증기를 일정 시간 동안 공급하여 열기가 직접 콩에 닿게 하는 방법도 있다. 두 번째 방법, 즉 증기를 콩에 직접 쏘이는 방법은 보일러 첨가제(보일러 배관에 녹과 스케일을 방지하기 위해 사용하는 합성약품)가 증기에 혼합되지 않도록 해야 한다. 보일러 첨가제는 스팀을 이용해 식품을 가열할 때 주의해야 할 물질이다.
- 성형: 가열 공정이 끝나면 순두부가 되는데, 순두부를 사각형 모양으로 굳히는 공정이다. 이때 두부 응고제인 간수를 쓴다. 응고제는 단백질을 응고하는 데 쓰이는 물질로, 허용 목록에 있는 것 중에서만 써야 한다. 보통 염화마그네슘이나 염화칼슘이 쓰인다.
- 절단/포장: 네모난 두부 모양으로 잘라 하나씩 포장해 완제품을 만든다. 이때에는 포장 재질이 식품 등급인지를 확인한다.

오염과 혼입 방지

유기가공식품의 품질 목표는 유기농산물이나 유기축산물을 생산하면서 창출된 가치인 '유기성'이 훼손되지 않도록 보호하는 것이다. 가공 과정에서 유기성이 창출되지는 않기 때문에 농업 활동으로 만들어진 제품의 속성인 유기성을 보존하는 것이 유기가공식품의 최고 목표가 되는 것이다.

유기성을 훼손하는 경우는 크게 두 가지가 있다. 오염과 혼입이다. 오염이나 혼입 중 하나라도 발생하면 유기성이 훼손된 것으로 본다. '오염'이란 허용 목록에 있지 않은 물질이 유기식품에 접촉하는 것을 말한다. '혼입'이란 유기식품과 비유기식품이 섞여서 분리될 수 없는 상태를 말한다.

유기농 두부에서 오염과 혼입이 일어날 수 있는 경우를 들어 보자면, 앞서 예를 들었던 보일러 첨가제가 오염의 위험을 안고 있는 경우라 할 수 있다. 보일러 첨가제는 대개 휘발성 물질이고 보일러에 물이 공급될 때 적정 농도로 희석되어 물과 함께 들어가서 스팀을 만든다. 이렇게 만들어진 스팀이 유기식품에 접촉하는 경우, 그 양은 미미할지라도 허용하지 않은 물질이 접촉한 것이므로 오염이 될 수 있다. 이런 일을 막기 위해 보일러에서 공급되는 스팀을 직접 식품에 분사하지 않고, 다른 물탱크를 가열해 2차 증기를 만드는 방법을 쓴다. 이렇게 하면 100퍼센트 수증기만 식품에 접촉하므로 오염의 위험이 없어지게 된다.

혼입의 우려는 유기식품과 일반 식품을 함께 취급하는 가공시설에서 나타날 수 있다. 일반 두부를 만든 곳에서 충분히 장비를 씻지 않고 유기농 두부를 만들 때에 기계 설비에 남은 일반 두부의 원료들이 혼합될 위험이 있다. 그 양이 미미할지라도 서로 섞이게 되면 분리할 수 없는 상태가 되므로, 이런 경우는 혼입이 이루어져 제품의 유기성이 훼손되었다고 할 수 있다.

이런 일을 막기 위해서는 우선 유기농 두부를 만들기 전에 일반 두부를 만들었던 설비를 충분히 씻어야 한다. 날마다 설비 청소를 하는 업체는 하루 중 맨 처음 유기식품을 만드는 방법이 있다. 또는 일반 두부를 생산하고 난 다음 유기농 콩을 넣어 생산 라인을 가동할 때에 생산 라인을 맨 처음 통과해 나오는 일정량의 제품을 유기식품이 아닌 것으로 보는 방법이다. 맨 처음에 설비를 따라 밀어내고 나오는 제품이 혼입될 가능성이 가장 크기 때문이다. 이처럼 유기식품 가공 공장에도 유기성을 보호하기 위한 여러 가지 품질 유지 시스템이 적용된다.

추적성

유기가공식품은 유기 원료를 바르게 사용하는 것이 가장 중요한 기준이라고 할 수 있다. 유기 원료가 쓰였는지 일반 원료가 쓰였는지 사람의 감각으로 알아내기는 거의 불가능하고, 실험실에서 분석해도 알 수 없는 경우가 대부분이다. 그래서 유기 원료가 제대로 쓰였는지를 확인할 수 있는 시스템이 갖추어져야 한다.

완제품으로 만들어진 유기농 두부를 하나 골라서 원료를 생산한 농부가 누구인지 찾아낼 수 있어야 한다. 이런 추적이 불가능한 식품은 '유기'라는 말을 제품에 표시할 수 없다. 추적이 가능하도록 하려면 제품에는 '로트 번호'가 쓰여야 한다. 로트 번호는 제품이 언제, 어디서, 어떤 원료로 생산되었는지를 알 수 있게 하는 코드이다. 이 제품 코드를 통해 유기농 두부가 누구에게 판매되었는지도 알 수 있다. 제품이 누구에게 판매되었는지를 알고 있다면, 결함이 발견되었을 때에 제품을 회수하는 '리콜'도 가능해진다. 유기식품은 이처럼 원료를 추적해 제대로 인증된 유기농산물이 쓰였는지를 확인할 수 있으면서, 또한 문제가 생긴 제품을 소비자가 사지 않도록 시중에서 거둬들일 수 있어야 한다.

유기식품이라고 하여, 일반 식품에서 요구되는 맛과 영양과 안전성과 같은 품질을 더 만족시켜주는 것은 아니다. 대신 유기식품은 유기농축산물이 생산해 낸 유기성이라는 가치를 훼손하지 않고 온전히 담아 낸 식품으로서 더 건강한 먹을거리를 소비자에게 전달하는 데 큰 몫을 하는 것은 틀림없다.

친환경
농산물
인증

　친환경 농산물 인증은 가공되지 않는 식품들, 즉 농축산물을 인증하는 제도이다. 친환경 농산물 인증에는 유기농산물과 유기축산물뿐만 아니라 무농약 농산물, 무항생제 축산물과 저농약 농산물까지 포함된다. 친환경 농산물을 생산하는 기준을 요약하여 열거해 보자면, 농장의 입지 조건, 물, 흙, 사료, 가축의 건강 관리, 영양 관리, 질병 관리, 추적성, 기록 유지가 필요하다. 이 기준들은 생산 여건을 정리해 놓은 것인데, 친환경 농산물은 대체로 같은 기준을 갖고 있다.
　다만, 무농약, 무항생제, 저농약 따위의 제품을 생산하는 데에는 화학비료, 합성농약, 일반 사료가 일부 허용되지만 관행 농업에서 쓰는 양보다 적게 쓰도록 하는 것이 친환경 농산물의 기준이다. 유기농산물과 유기축산물에는 화학비료, 합성농약, 일반 사료를 조금도 허용하지 않고 있다.

　이렇게 생산된 유기농산물을 가공하면 유기가공식품이 된다. 앞서 살펴본 바와 같이 유기가공식품은 유기농산물을 원료로 하고 합성첨가물을 사용하지 않거나 최소화한 가공식품이다. 유기가공식품 인증 기준에는 이 밖에도 운송, 저장, 설비 관리, 추적성, 기록 유지가 포함된다.

　앞으로 유기식품 시장은 더욱 커질 것으로 보인다. 지역에 따라 시간적 차이는 있겠지만, 학교 급식 재료로 친환경 농산물을 먼저 사는 것이 현실화되고 있다. 우리 세대가 자각하고 만들어 놓은 유기식품 시장은 다음 세대에도 이어져 건강한 사회를 만드는 바탕이 되었으면 좋겠다. 그것은 더는 개인적 건강을 위해서만 유기식품을 선택하는 것이 아닌, 환경적, 사회적 가치를 실현하기 위해 소비자가 책임지고 맡아야 할 임무로 온전히 우리 사회에 받아들여지는 것이라 하겠다. 그러한 임무에 동참하는 소비자가 더욱 늘어나길 희망한다.

농림축산식품부의 친환경농산물 인증 표시들. 저농약농산물 인증표는 2014년부터 완전히 폐지된다.

유기농에 대한 오해 5가지

그동안 우리가 알고 있던 유기농업에 대한 생각 중 바로잡아야 할 것들, 또한 처음 이 글을 쓰기 시작할 때 걱정했던 소비자들의 오해들을 나열해 보면 다음과 같다.

1. 유기농은 식품 안전을 완벽하게 보장하는 표시가 아니다
유기농 식품은 단지 해로운 화학 성분으로 발생하는 위험성이 크게 낮아졌다는 말이다.

2. 유기농 인증은 실험실 분석을 바탕으로 하는 것은 아니다
유기농 제품은 최종적인 제품에 대한 검증이 아니라, 생산·가공·유통이 되는 전 과정을 평가하여 유기농 인증을 부여받는다. 그러나 우리나라에서는 제품 검증에 치중돼 소비자들에게 이런 오해를 사고 있다.

3. 유기농은 화학물질을 조금도 쓰지 않았다는 뜻이 아니다
유기성을 훼손하지 않거나 경우에 따라서는 최소화하도록 선택, 승인된 천연물질 또는 화학물질은 쓸 수 있다.

4. 유기농은 영양 성분이 더 뛰어나다는 표시가 아니다
유기식품이 일반 식품보다 좋은 성분이 더 많이 들어 있을 것으로 기대는 되지만 아직 과학적 근거는 부족하다.

5. 유기농과 공정무역의 기준은 다르다

왜곡된 유통 구조의 피해자인 생산자나 소비자를 돕는 공정무역 등의 인증은 사회 정의를 그 기준으로 다룬다. 반면 환경 보호와 지속가능성이라는 유기성을 그 기준을 삼는 유기농은 제품의 속성 자체가 다르다는 뜻이다.

3

소비를
바꾸면
세상도
바꿀 수
있다

안병덕 생협 활동가

서울대학교 산업공학과를 졸업하고 같은 대학 환경대학원에서 도시계획을 전공했다. 대기업 정보통신 분야에서 20년 가까이 근무하며 '환경과 공해 연구회' 운영위원으로도 활동했다. 2001년부터 경기도 고양시 벽제에서 농사를 짓고 있으며 '전국귀농운동본부' 공동대표와 '에코생협' 이사장을 역임하기도 했다. 지금도 여전히 도시 농업과 생활협동조합 분야에서 활발히 활동하고 있다.

먹을거리를
생각하다

오늘날은 인류 역사상 생활이 가장 풍요로운 시대일 것이다. 먹을거리에 있어서도 예외는 아니다. 기계화와 화학 농법에 의한 대량생산으로 보릿고개는 옛말이 되었다. 공장식 축산에 해산물 양식으로 고기도 끼니마다 끊이지 않는다. 비닐를 이용한 가온 재배에다 지구 반대편에서도 먹을거리를 실어 나르니 계절과 상관없이 식품이 넘쳐나고 아무 때나 먹고 싶은 것을 사 먹는다. 백화점이나 대형마트의 식품판매장을 둘러보면 갖가지 먹을거리가 쌓여 있어 보기만 해도 풍요로움을 느낀다.

옛 어른들은 자식 입에 밥 들어가는 소리, 논에 물 대는 소리가 제일 듣기 좋다고 했다. 자식 입에 들어가는 음식은 그게 무엇이든 어미의 기쁨이었다. 그렇지만 이제는 산더미처럼 쌓인 먹을거리를 앞에 두고 저걸 아이에게 먹여도 괜찮은지, 건강에 해가 되지는 않는지 그 안전성을 의심하며 불안해한다.

우리가 즐겨 먹는 생선과 고기, 채소도 예전부터 먹어 오던 그 생선과 고기, 채소가 아니다. 옥수수 사료를 먹여 키운 생선은 옛날의 생선과 같을 수 없고, 풀이 아닌 곡식 사료를 먹고 자란 쇠고기도 옛날과는 다르다. 고기를 먹고 자라 광우병을 일으킨 쇠고기는 말할 것도 없다. 비만의 주범 중 하나인 트랜스 지방이나 GMO 농산물 등은 예전엔 없던 먹을거리이다. 심지어 음식이라고 할 수도 없는 식품첨가물을 맛있다고 즐기고 있다. 입으로 들어가는 것 중 사람에게 해가 없는 것만으로는 밥상을 차리기가 어려울 지경이다. 오늘날의 먹을거리가 사람에게 어떤 해가 있는지 제대로 다 밝혀진 것은 아니지만 많은 문제가 드러나고 있다.

사람들은 자신의 건강이 달려 있는 문제라 오늘날의 먹을거리가 사람에게 어떤 해가 있는지 관심을 가지고 이를 알려고 한다. 이에 비해 이들 먹을거리가 어떻게 생산되고 어떤 경로를 거쳐 오는지 그리고 그 과정에서 생태계에 어떤 영향을 미쳤는지는 별로 관심이 없다. 먹을거리는 생태계와 밀접한 관련이 있어 우리가 어떤 것을 선택해서 먹는가에 따라 그 생태계에 이상이 생길 수 있다. 그리고 생태계에 이상이 생기면 먹을거리뿐 아니라 인간의 생활도 다시 영향을 받는데, 이런 사실에 어둡거나 눈을 감고 있다.

먹을거리 선택에 대한 가치관은 소비자와 생태계뿐만 아니라 먹을거리 생산자인 농부의 삶과도 연결돼 있다. 소비자가 어떤 먹을거리를 고르는가에 따라 농부와 그 가족, 나아가 지역의 경제사회 전반이 영향을 받는다. 값싸고 질 좋은 상품의 선택은 소비자의 권리이자 경제 발전으로 이어지는 합리적 선택이라고 여겨 왔다. 하지만 이런 선택은 농민과 농업, 농촌 문제를 낳을 수 있고 기후변화와 생태 부정의, 식량 안보 위기 같은 사회문제도 일으킨다.

많은 음식이 인간의 건강에 문제를 일으키고, 먹을거리가 생산되고 유통되는 과정에서 자연과 사람, 사람과 사람의 관계를 파괴하고 있다는 사실은 새삼스러울 것도 없다. 그리고 이런 먹을거리의 파장은 자연환경과 우리 몸, 우리 사회로 되돌아오고 미래 세대로까지 넘어간다.

세상이 변하면 밥상도 변한다. 반대로 밥상을 바꾸면 세상도 바꿀 수 있다. 이제 먹을거리의 선택이 우리의 건강, 환경 그리고 우리 사회와 어떻게 연결되어 문제를 낳고 있으며 그 대안은 무엇인지 살펴보자.

유기농은
맛있다

    예전에 직장 다닐 때 유난히 맛을 가리던 상사가 있었다. 그는 비록 점심 한 끼일지라도 맛있는 집을 찾아 자동차로 몇 십 분쯤 달려가는 불편은 개의치 않았다. 한번은 냉면 맛있게 한다는 집을 안다며 같이 가자고 해 따라나섰는데, 도심 속으로 차를 타고 간 그 집은 많은 사람들로 북적거렸고 그 속에서 정신없이 냉면을 해치운 나는 맛있는 냉면 한 그릇을 위해 이런 수고를 할 만한 것인가 하고 고개를 갸우뚱했다. 어렸을 적만 해도 음식에 대해 이러쿵저러쿵하면 야단을 맞았고 음식이 맛있다 어떻다 하는 것은 경박한 짓으로 교육받았다. 그래서인지 음식을 즐기기보다는 그저 주는 대로 말없이 먹는 식사 습관이 몸에 배었고 식성이 좋아 아무거나 잘 먹어서인지 맛에 대해 둔감한 편이었다. 그리고 사람들이 맛을 가릴 때, 배 속에 들어가면 별 차이도 아닌 것을 혀끝 말초신경의 얄팍한 즐거움을 위해 너무 유난 떠는 게 아닌가 하는 생각까지도 했다.

유기농산물만의 맛

그런데 유기농으로 농사를 시작하고 나서 내가 가꾼 농산물을 먹어 본 사람은 유기농은 역시 맛이 다르다며 다들 한마디씩 했다. 언젠가 어느 노인에게 배추 몇 포기를 드린 적이 있었는데, 며칠 후 혹시 그 배추 좀 살 수 없겠느냐며 물어왔다. 배춧국을 끓였더니 옛날 맛을 느낄 수 있었다는 것이다. 오이 역시 향이 진하고 껍질이 조금 두꺼운 듯하면서도 아삭아삭한 게 매우 맛있다는 얘기도 들었다. 농사를 처음 지을 때만 해도 유기농이 안전한 먹을거리를 제공하고 땅을 살린다는 얘기는 알고 있었지만, 유기농의 맛에 대한 얘기는 별로 들은 바가 없었다. 그래서 처음엔 내가 지은 농산물이 맛있다는 얘기를 인사치레 정도로 들었고 유기농이라니까 지레 맛있다고 여기는 게 아닌가 하는 생각도 했다. 하지만 맛있다는 게 한두 사람이나 어느 한두 작물에 국한된 것이 아니라 상추에서 토마토, 고추, 그리고 감자, 고구마에 이르기까지 먹어 본 사람들은 모두 유기농으로 키운 농산물은 역시 맛이 다르다고 했다.

특히나 시장에서 사 온 오이는 아이들이 손도 대지 않는데 밭에서 유기농으로 키운 오이는 잘 먹더라 하고, 쥐들도 여러 고구마 중 유기농으로 키운 것은 귀신같이 골라 먹는다는 얘기까지도 들었다. 그러니 유기농에선 관행농과는 다른 무엇인가가 맛을 내고 있다고 생각하지 않을 도리가 없었다.

맛에 영향을 주는 요인은 복합적이겠지만 품종이나 기후, 토양 등에 따라서 맛이 달라진다는 정도는 대부분이 알고 있다. 매운 고추는 역시 청양고추라고 하겠지만 일반 고추도 장마가 지나면 매운맛이 더해진다. 흐리고 비 온 날이 많아 과일 맛이 예년 같지 않다고 한다거나 서리 맞은 무가 맛있다고 하는 등의 말도 심심치 않게 듣는다. 식물은 광합성으로 탄수화물을 만들어 내지만 맛과 관련이 많은 성분은 질소질이나 미량 요소이다. 이 요소들은 주로 토양에서 얻으니 토양 성분 또한 맛에 큰 영향을 준다. 작물이 주변 환경이나 여러 생명체와의 관계에서 스트레스를 받으면 그 흔적이 남아 맛으로 나타날 수도 있다. 같은 품종으로 나란히 붙어 있는 땅에서 같이 자란 작물도 맛이 다를 수 있는 것이다.

유기농산물과 일반 농산물이 영양 성분 면에서 차이가 있는가에 대한 연구들은 많이 있었고, 학자들 사이에서 논쟁거리이기도 했다. 2009년에 영국 식품기준청의 지원을 받은 런던위생열대의학 대학원의 앨런 댕거 팀은 영양상 우위를 근거로 유기농산물을 선택해야 할 어떤 증거도 찾지 못했다고 발표한 바 있다. 이들은 1958년 이후 50년간 발표된 162건의 과학논문을 분석한 결과, 유기농산물과 일반 농산물 사이에 영양 측면에서 의미가 있는 차이점을 발견하지 못했다고 밝혔다.

이에 대해 미국 오가닉센터 찰스 벤브룩 박사 팀은 앨런 댕거 팀이 분석한 자료들을 다시 정밀 분석한 결과 일반 농산물에서는 대체로 질소 함량이 높았고 인과 산도는 유기농산물 쪽이 높았다는 연구 결과를 발표했다. 특히 80년대 이후 자료와 함께 정확도가 높은 최근 자료를 추가 분석한 결과 폴리페놀과 항산화 물질, 미네랄은 유기농산물이 더 많이 함유하고 있다고 밝혔다. 현대인의 건강을 위해 필요한 영양 성분은 유기농산물에 더 많음을 확인한 것이다.

천연화합물 폴리페놀

친환경 농산물 중에서 농약을 치지 않고 키운 농산물을 무농약 농산물이라고 한다(무농약 농산물은 유기농산물과 달리 화학비료를 사용한다). 당연히 무농약 농산물은 농약을 친 농산물보다는 안전하다. 안전하다는 점 외에도 건강한 생태계 속에서 자랐기에 각종 벌레는 물론 풀조차 없는 농약으로 오염된 땅에서 자란 농작물과는 맛과 성분이 다를 수 있다.

작물들이 특유의 맛이나 향을 내는 것은 나름대로 살아가려는 방편이다. 들깨의 향은 스스로 벌레로부터 자신을 지키려는 수단이다. 상추가 하얀 즙을 내고 사람이 먹으면 졸릴 정도로 강한 성분인 락투카리움을 함유하는 것도 벌레로부터 자신을 지키기 위한 것이다. 사람이 먹어서 졸릴 정도라면 사람 몸무게의 만분의 일도 안 되는 벌레에겐 대단히 독한 성분이라 할 수 있다. 그러니 상추에는 벌레가 거의 달라붙지 않는다. 그렇지만 만약 벌레가 없다면 상추는 애써 즙을 내려 하지 않고 그 에너지를 몸집을 키우고 씨앗을 더 만드는 데 쓸 것이다. 들깨 역시 벌레가 없으면 향을 내려고 애쓰지 않을 것이다.

결국 농작물에 농약을 치면 작물 주변의 병균이나 벌레를 모두 죽여 위험 요소가 없는 환경이 조성되고 그 속에서 자란 농작물은 싸울 필요가 없어 그 특유의 맛과 향이 약해지게 된다.

식물이 벌레와 싸우기 위해 만들어 내는 특유의 물질이 폴리페놀과 같은 천연 화합물이다. 토마토의 리코펜 같은 천연 화합물은 암을 예방하거나 억제하고 인간의 면역력을 높이는 유용한 물질이다. 화학농약을 사용하지 않은 농산물은 일반 농산물보다 이런 천연 화합물을 더 많이 함유하고 있어 맛과 향이 진하고 사람의 건강에도 도움을 준다.

유기농의 미네랄

유기농은 농약을 치지 않고 화학비료까지도 쓰지 않는다. 화학비료는 농약과 같은 독성을 지니고 있지는 않다. 그런 면에서 유기농산물과 무농약 농산물은 식품의 안전성 측면에선 별반 다르지 않다. 그렇지만 무농약 농산물과 유기농산물 사이에 맛의 차이가 있지 않을까 하는 의문을 제기해 볼 수 있다.

'맛이 있다', '맛이 좋다' 등 맛과 관련해 쉽게 대비해 볼 수 있는 것 중 하나가 물이다. 순수한 물 그 자체는 색도 없고 맛도 없고 향기도 없다. 그렇지만 우리는 시원한 물 한 모금 마시며 물맛 좋다고 표현하고, 이름난 약수를 찾아 먼 길 마다하지 않고 물을 길으러 간다. 물맛을 느끼는 것은 육각수니 하여 물 분자의 결합과도 관련이 있지만, 물맛을 좌우하는 중요한 요소는 물속에 함유된 미네랄, 즉 광물질이다. 광물질의 성분별 함유량에 따라 광천수의 맛은 달라진다.

우리나라 토양에는 미네랄이 풍부해 물맛이 좋다. 우리나라는 산지가 많아 토양에 거름기가 제대로 쌓이지 못해 토양의 표층 30센티미터만 걷어 내도 유기물 함량이 많이 떨어지는 박토에 속한다. 하지만 미네랄이 풍부해 농작물의 맛이 좋다. 그래서 우리나라의 농사는 양보다는 질로 승부를 겨루는 농사여야 한다고 주장하는 말은 일리가 있다. 그런데 토양에 미네랄이 함유되어 있다고 하더라도 이를 보충해 주지 않고 빼 먹기만 한다면 토양 속의 미네랄 함유량은 점차 낮아진다. 유기농사는 거름으로 유기물이 함유된 부산물 퇴비 등을 쓰지만, 무농약 인증 농사는 화학비료를 쓴다.

화학비료를 쓴다는 것은 작물에 필요한 질소나 인산, 칼륨 같은 주요 영양 요소만 줄 뿐 미량 요소인 칼슘이나 황, 마그네슘, 망간, 아연, 철, 구리 등의 미네랄 성분을 보충해 주지 않고 빼 먹기만 하는 농사다. 더구나 식물이 뿌리에서 미네랄을 섭취하려면 흙 속 미생물의 도움이 필요한데 화학비료의 투입은 미생물의 수를 줄이는 결과를 가져오니 화학비료를 쓰는 농사의 농작물은 미네랄 함량이 적을 수밖에 없다.

미네랄이 적게 함유된 농산물은 미네랄이 없는 물에 견줄 수 있다. 물은 우리가 살아가는 데 필수 요소다. 순수한 물인 증류수보다 광천수가 좋은 것은 여기에 함유된 미네랄이 우리 몸에서 체액의 산도(pH)를 조절하며 면역 체계나 호르몬 생산 등 건강에 매우 중요한 역할을 하기 때문이다. 백미와 현미를 탄수화물이나 단백질 등 영양소로 구분하면 영양상 차이는 미미할 수도 있다. 그러나 이들의 미량 요소 함량은 다르고 이 때문에 건강에 미치는 영향은 크게 다를 수 있다.

입맛을 찾아야 한다

언젠가 밭에 어느 분이 찾아와서 유기농 풋고추 만 원어치만 달라고 한 적이 있었는데, 조금만 가져가며 자기에게는 이것이 약이라며 구한 것만으로도 고맙다며 인사를 한 적이 있다. 이분뿐 아니라 질병과 관련해 의사 권유로 유기농 채소를 찾는 사람을 주위에서 여럿 보았다. 유기농 채소가 농약을 쓰지 않아 안전하기 때문만은 아니다. 예로부터 어떤 먹을거리가 몸 어디에 좋고 어디 아플 때 무엇을 먹으면 좋다는 얘기는 많았다. 어떤 먹을거리가 그러한 효능을 내게 되는 것은 그 먹을거리의 일반 성분 덕분만이 아니라 그 먹을거리가 지닌 특성 때문이다. 그 특성은 유기농에서 더욱 발현되고 맛으로 나타난다. 유기농산물에는 농산물의 특성을 오롯이 살아나게 하는 폴리페놀과 미네랄 등이 적절하게 함유되어 있기에 맛도 좋고 건강에도 좋은 것이다.

그렇지만 오늘날은 맛이 좋은 것과 건강에 좋은 것이 항상 일치하지는 않는다. 우리들의 입맛이 변했기 때문이다. 현대인의 입맛은 과도한 단맛과 짠맛, 그리고 조미료 맛에 길들여 있다.

일본에서는 양식으로 키운 횟감이 자연산보다 비싼 것이 있다는데 이 유인즉 양식은 다양한 사료를 통해 사람들의 기호에 맞는 맛이 나는 물고기를 길러 내기 때문이라고 한다. 품종 개량으로 당도를 높이고 식감을 연하게 만드는 것도 사람들의 입맛을 그 품종이 지닌 고유한 맛으로부터 멀어지게 하는 것이다. 불교 음식에서는 원재료의 고유한 맛을 살리기 위해 양념을 쓰는 것조차 절제한다고 한다.

자연이 준 그대로의 맛을 유기농을 통해 살리고 그 본연의 맛을 찾을 때 우리의 건강도 제 모습을 찾을 수 있다고 본다. 유기농으로 농사를 지으며 힘이 들 때면 건강을 위한 약을 만든다는 생각이 농사일에 위안이 되기도 한다.

다양성은
착각이다

    인간은 지구상에 나타난 후 오랫동안 사냥과 채취로 먹을 것을 구했다. 먹을거리의 양도 충분치 않았고 불안정했던 시절이다. 그래서 인간은 유전적으로 음식의 여유분을 다양한 형태로 몸에 축적해 왔다. 여러 날을 굶고 지내야 했던 시대의 유물이었던 것이다.

    인간이 농사를 짓기 시작한 것은 신석기시대인 1만 년 전으로 추정하고 있으며, 벼농사는 청동기시대인 3천~4천 년 전쯤 시작한 것으로 보고 있다. 농경시대엔 수렵 채취 시절보다는 먹을거리를 얻는 것이 조금 안정되었겠지만, 그 양은 넉넉지 못했고 온 가족이 먹을거리를 위해 매달려야 하는 건 여전했다.

먹을거리가 지금처럼 넘쳐나게 된 것은 최근 100년간의 일이다. 산업화 이후에 제조기술과 화학공업의 발달로 농기계와 농약, 비료가 공급되면서부터라 할 수 있다.

우리나라는 조선 시대까지는 말할 것도 없고 1900년대 들어서도 일제강점기와 한국전쟁 등을 거치며 주린 배를 움켜쥐었다. 이 시대 젊은 시절을 보낸 어른들로부터 먹을거리가 없어 힘들게 살았던 눈물겨운 사연은 귀가 닳도록 들어 알고 있다. 1960년대 초 미국의 잉여 농산물인 옥수수빵으로 주린 배를 채운 기억도 생생하게 전해진다. 우리가 식량문제에서 벗어난 것은 불과 40여 년밖에 되지 않는다. 그나마 전체 먹을거리 중 많은 부분을 수입해서 오늘날의 풍요를 누리고 있다.

넘치는 곳간, 버려지는 음식물

오늘날의 밥상은 풍요로워 보인다. 풍요롭다 못해 비만과 음식물 쓰레기라는 새로운 골칫거리를 낳았다. 국제적십자사연맹에 따르면 지구촌 인구 중 비만 인구는 10억 명에 달하며 이는 전 세계 인구의 15퍼센트나 되는 기아 인구보다도 많다고 한다. 우리나라도 국민건강보험공단에 따르면, 20세 이상 인구 중 30.6퍼센트가 과체중 또는 비만이다. 인제대학교 의과대학 오상우 교수에 따르면, 비만의 증가 속도가 매우 빨라 현재의 속도라면 2020년쯤엔 인구의 반 이상이 비만이 될 것이라고 경고하고 있다. 그리고 최근 8년 사이엔 20세 미만에서 비만이 급속히 늘고 있다. 여러 요인이 작용하지만, 우리 몸이 쓰는 에너지양보다 많이 먹기 때문이다. 한국환경공단 자료를 보면 음식물 쓰레기로 버려지는 양은 2012년 기준으로 하루 1만 7천여 톤이나 되며 해마다 3퍼센트씩 는다고 한다. 이렇게 버려지는 음식물은 전체의 약 1/7 정도며 돈으로 환산하면 연간 18조 원이나 된다.

요즘의 먹을거리 가짓수는 옛날과는 비교가 안 될 정도로 많다. 먹을거리는 그 시대의 문화와 경제 환경에 영향을 받는다. 그리고 국가 간의 교역으로 먹을거리의 종류와 가짓수는 변한다. 먹을거리가 귀하고 조리 방법이 단순했던 선사시대에는 나물과 곡식 일부를 으깨 넣어 빗살무늬 토기 속에 죽을 만들어 먹었다. 삼국시대엔 불교 영향을 받아서 육식은 쇠퇴한 반면, 채식 음식과 차가 발달했다. 고려시대 후반, 몽골의 침입을 받아 그들의 육식 위주 식생활이 우리의 음식에도 영향을 주었다. 후추와 설탕은 이 시대에 들어왔다. 오늘날처럼 밥과 반찬이 갖추어진 밥상은 조선시대부터라고 한다. 우리가 흔히 먹는 고추를 비롯한 옥수수나 감자, 고구마, 땅콩, 호박 등도 모두 이 시기에 들어온 것이다.

어쨌든 사람들의 먹을거리는 농사의 발달로 풍성해지고 교통과 무역의 발달로 더욱 다양해졌다. 오늘날 설탕과 커피는 물론, 토마토에서부터 브로콜리, 케일, 자몽, 블루베리까지 가히 세계화된 먹을거리의 면면을 볼 수 있다. 어느 면에서 먹을거리의 세계화는 각 지역의 특산 농산물 씨를 세계 곳곳으로 퍼뜨려 논밭에 종의 다양성을 더욱 넓혀 준 것처럼 보이게도 한다.

풍요 속의 빈곤

생태계에선 종의 다양성을 매우 중히 여긴다. 생물 종의 다양성은 생태계가 건강함을 보여 주는 잣대이며, 생태계를 온전하게 유지하는 힘이다. 생태계가 건강하면 종이 다양해지고 종을 다양하게 해 주면 생태계가 복원되기도 한다. 다양성은 생태계뿐만 아니라, 정치, 경제, 사회, 문화 등 모든 면에서 매우 중요하다. 먹을거리도 마찬가지다. 사람도 골고루 먹어야 건강하다고 했는데, 다양한 먹을거리는 건강한 몸을 만드는 데 긍정적인 몫을 한다. 그런데 먹을거리 종류는 옛날보다 무척 다양해졌지만, 정작 우리가 먹고 있는 음식의 실태는 그렇지 않다.

오늘날의 농사는 시장 속에 편입되었으며 상업화되었다. 경제성 있는 작물로만 농사를 지으려 해 농사짓는 농작물이 편중되어 있다. 재배하는 농작물의 가짓수가 오히려 줄어든 것이다.

자연계의 식물 중 인간이 먹을 수 있는 것은 약 8만 종에 이른다. 이 중에서 농사를 짓는 작물은 약 3천 종에 이르지만, 오늘날에는 20종 정도가 전체 농사의 90퍼센트를 차지하고 있다. 그중에서도 옥수수와 밀, 쌀, 콩의 생산량은 20여 억 톤으로 절대적 비중을 차지하고 있다. 이들은 병충해에도 강한 편이고 거친 땅에서도 상대적으로 잘 자라는 작물들이다. 여기에 품종 개량과 생산 공정의 기계화가 이루어져 경제성 높은 작물이 되었다. 물론 각국 정부의 집중적인 지원도 생산 비중을 높이는 데 한몫하였다.

옥수수의 경우를 살펴보자. 사료나 바이오 연료로 활용된다는 이유도 있겠지만 어쨌든 전 세계 곡물 생산의 1/3 이상을 차지하는 최대 생산 작물이다. 미국에서 재배하는 옥수수는 연간 생산량이 전 세계 생산량의 43퍼센트인 3억 5천만 톤에 이르고, 재배 면적만도 일본 국토를 넘는다. 미국의 옥수수는 각종 농업보조금이 뒷받침되어 멕시코의 토종 옥수수 농사를 무너뜨리기도 했다.

밀은 품종 개량을 해서 생산량을 늘렸다. 미국의 밀 생산 증대에 획기적 영향을 주고 세계 기아 구제에 공헌한 '소노라'라는 밀 품종은 한국산

'앉은뱅이밀'의 손자뻘이다. 1945년 개발된 소노라는 한국의 밀 유전자를 받아서, 그 이전 품종보다 키가 작아져 잘 쓰러지지 않았기 때문에 생산량도 늘었고 농기계로 거두기가 수월해졌다. 그래서 이전보다 4배 이상 거두게 되었다. 이 품종을 개발한 미국 농학자 노먼 볼로그는 개발도상국의 식량문제 해결에 기여한 공로로 1970년 노벨평화상을 받았다.

우리나라에서 대부분 농부는 잡곡 농사를 꺼린다. 물량을 확보하기조차 어려워 생협에서도 잡곡만큼은 친환경 농산물 인증 여부는 따지지도 않는다. 귀한 만큼 대부분 잡곡이 쌀보다 비싸다.

요즈음 벼농사는 농기계를 가진 위탁영농회사에 전화해서 요청만 해도 농사를 지을 수 있을 만큼 기계화가 이루어졌다. 모내기는 이앙기로 하고 가을걷이도 콤바인으로 한다. 벼농사는 규모가 크기 때문에 개발된 기계를 알맞은 값으로 사서 쓸 수 있지만 잡곡농사는 그렇지 않다.

밥에 두어 먹는 수수나 조를 키우려면 기계로 하기 어려운 작업이 많아 손과 몸을 많이 쓸 수밖에 없다. 하지만 소비자들은 품이 많이 들었다는 이유로 쌀보다도 훨씬 비싼 값을 치르려 하지는 않는다. 농부들이 잡곡농사를 피하는 건 당연한 이치다.

세계화와 더불어 먹을거리의 가짓수는 늘고 기계화와 화학 농법으로 먹을거리의 양은 넉넉해졌지만, 농업의 상업화로 일부 농작물이, 그것도 수입한 것이 우리 밥상을 차지해 버리는 상태가 되었다. 우리는 우리가 먹고 싶은 것을 골라 사 먹는 것 같지만, 속내를 들여다보면 먹을거리 선택도 은연중 이런 농업 구조에 묶여 있다는 사실을 알게 된다. 유전자 조작 옥수수는 우리가 원해서 나온 농산물이 아니고 마가린도 우리가 먹고 싶어 했던 것이 아니다.

어느 면에서 보면 요즘 우리들의 식사는 대량생산된 농산물 위주로 편

식을 강요당하고 있다 할 수 있다. 우리 밥상에서 쌀의 비중은 절대적이지만, 밀을 먹는 양도 쌀에 못지않다.

1인당 연간 쌀 소비량은 80킬로그램을 기점으로 하락하는 추세인데, 밀의 소비는 연간 40킬로그램에서 해마다 꾸준히 늘고 있다. 고려 시대에는 밀이 귀하고 비싸 잔치 때가 아니면 먹지 못했다는 기록이 있다. 오늘날은 값싼 밀을 수입해 빵이나 면, 과자 등의 형태로 늘 소비하고 있다.

각종 음료수나 과자 속에 든 설탕을 먹는 양도 급격히 늘어났다. 국제설탕협회에 따르면 우리나라 설탕 소비량은 연간 26킬로그램으로 세계 평균 수준이지만, 이는 놀랍게도 쌀 소비의 1/3이나 된다. 설탕이 한국인의 밥상에 오른 것은 1950년대 중반 이후이다. 또한 알게 모르게 옥수수도 많이 먹고 있다. 전분이나 식용유뿐 아니라 과자나 음료 등 각종 가공식품에 단맛을 내려고 넣은 액상과당이 거의 옥수수다. 나아가 우리가 즐기는 한우나 돼지고기도 대부분 옥수수 사료로 키우니 간접적으로 옥수수를 먹는 셈이다. 요즘은 양식 생선의 사료에도 옥수수가 들어간다.

겉으론 다양해진 것 같은 먹을거리가 실제로는 같은 음식 재료의 다채로운 변신일 뿐인 게 많다. 결국 지금은 옛날 조상들보다 특정한 몇 종류의 음식 재료를 특별히 많이 먹고 있다고 할 수 있다. 그런 점에서 편식이라 할 만한데, 다만 즐겨서라기보다는 우리가 모르는 사이에 편식을 하고 있는 셈이다. 이런 편식이 건강에 좋을 리 없다.

잘못된
선택이
우리를
병들게 한다

　쌀은 무게의 92퍼센트가 배젖이다. 쌀겨 층이 5퍼센트, 쌀눈이 3퍼센트를 차지한다. 쌀은 쌀 껍질을 벗겨 내는 과정인 도정 정도에 따라 이름이 다 다르다. 쌀 껍질을 그대로 가지고 있으면 현미, 50퍼센트를 벗겨 내면 오분도미, 70퍼센트를 벗긴 칠분도미, 100퍼센트를 벗겨 내 쌀눈까지 제거하면 백미다. 보통은 쌀 껍질을 대부분 벗겨 낸 구분도미나 백미를 사서 하얀 쌀밥을 지어 먹는다. 찬찬옥식이라 이름 붙은 하얀 쌀밥은 맛이 좋고 소화가 잘돼 옛날에는 부잣집의 상징이었다. 서민에게 흰 쌀밥은 고깃국과 더불어 생일 같은 기념일에나 먹는 특별식이었다. 먹을거리가 풍성해진 요즘도 하얀 쌀밥에 대한 한을 풀기라도 하듯 매끼 하얀 쌀밥을 먹는다. 백미는 쌀겨 층과 쌀눈이 남아 있는 현미보다 영양가가 떨어진다. 쌀의 생명 저장고인 쌀눈에는 비타민이나 각종 미네랄이 함유되어 있고, 쌀겨에는 섬유질을 비롯한 지방 등이 있다. 쌀의 영양소 대부분은 이 쌀눈과 쌀겨에 있다. 어떤 사람은 흰 쌀밥을 주로 먹는 사람들을 가리켜 동물애호가라고 비아냥거리기도 한다. 쌀에서 건강에 좋은 쌀눈과 쌀겨는 모두 벗겨 내 소나 돼지에게 주고 사람은 남은 찌꺼기인 백미를 먹는다고 말이다. 이런 흰 쌀밥은 영양가가 떨어질 뿐 아니라 비만과 당뇨병의 위험을 높인다.

5대 백색 악마

우리가 늘 먹고 있지만, 건강에 좋지 않아 '백색의 공포' 또는 '백색 악마'라고 하는 흰색의 음식 재료가 있다. 바로 흰 쌀, 흰 밀가루, 흰 설탕, 흰 정제염과 투명한 식용유다. 껍질에 있는 좋은 성분은 모두 버리고 칼로리만 높은 부드러운 음식들이다. 요즘은 현미 같은 거친 음식을 먹으면 소화가 잘 안 된다고 하는 사람도 많다.

흰 밀가루는 통밀에서 껍질과 배아를 벗겨 만든다. 통밀은 껍질이 14퍼센트, 배아가 2~3퍼센트 차지하는데, 희고 고운 밀가루를 얻기 위해 채로 거르는 과정에서 보통 밀의 20~25퍼센트가 버려져 사료로 쓰인다. 고급 빵용이라고 30퍼센트를 걸러낸 밀가루를 만들기도 한다. 통밀가루는 껍질과 배아를 포함해 빛깔이 검고 제빵성도 떨어지지만 섬유질뿐 아니라 비타민과 무기질 등 건강에 좋은 영양분을 함유하고 있다.

단맛을 내는 설탕은 몸속에서 바로 분해돼 혈당을 높이고 에너지로 전환돼 기분을 좋게 만든다. 인간이 설탕의 단맛을 찾는 것은 거의 본능에 가깝다. 흰 설탕은 갈색의 원당을 정제하는 과정에서 섬유소와 미네랄 성분을 제거해 칼로리만 높인 것으로, 당뇨병에 걸릴 확률을 높인다. 이는 현미에서 좋은 성분을 제거한 백미와 마찬가지인 셈이다. 정제 과정을 덜 거친 유기농 설탕과 같은 갈색이지만 시중의 황설탕은 인위적으로 만든 것이다. 흰 설탕을 더 정제하면서 열에 의해 황색으로 변한 설탕에 당밀을 첨가해 만든 것이다. 흑설탕은 여기에 다시 캐러멜을 첨가해 만든다. 일반 제조 방식의 황설탕이나 흑설탕은 원당의 향이 더 나기는 하지만 백색 악마와 다를 바 없다.

정제염은 바닷물을 전기분해 해 얻는 기계염으로 불순물이 없는 깨끗한 소금이다. 깨끗한 것이 늘 좋은 건 아니다. 천일염에는 미네랄이 포함되어 있어 몸에 좋다. 그러나 정제염은 정제 과정에서 미네랄도 함께 제거해 짠맛만 나는 염화나트륨 덩어리가 된다. 그래도 대량생산을 할 수 있어 값이 싸 식품회사에서는 주로 이 정제염을 쓴다. 가정에서는 소위 감칠맛이 난다는 MSG(Monosodium L-Glutamate)를 첨가한 맛소금을 쓰기도 한다. 물과 토양에 미네랄이 풍부한 우리나라는 연근해 바닷물에도 미네랄이 많아 서해안의 천일염은 맛이 좋기로 유명한데, 기계 공정을 거쳐 이 맛이 제거된 값싼 염화나트륨 결정체가 밥상을 점령하고 있다.

식용유도 살펴보자. 많은 사람들이 옛날 들기름 짜듯 원료를 단순히 압착시켜 식용유를 얻는 것으로 생각하고 있지만, 사실은 그와 다르다. 식용유는 물리적인 압착 방식보다는 석유에서 만들어진 핵산을 이용해 기름 성분을 녹여내는 추출법으로 만들어진다. 즉 콩이나 옥수수 등을 잘게 부순 후 핵산이라는 유기용매를 이용해 추출하고, 불순물을 제거하는 탈검 공정, 가성소다를 이용한 탈산 그리고 탈색, 탈취 공정을 거쳐 투명하고 깨끗한 기름이 나온다. 식용유는 깻묵처럼 유박에 해당하는 많은 영양 물질과 항산화 물질, 레시틴과 같은 유용한 물질들이 제거된 깨끗한 기름 용액일 뿐이다.

이처럼 5대 백색 악마라고 하는 것들은 몸에 좋은 성분들은 없애고 찌꺼기만 남은 결과물이다. 이것은 소비자들의 잘못된 선택 기준에다 식품업자들의 이윤 추구와 대량생산 시스템이 합쳐져 만들어졌다. 깨끗하게 만들려면 대개 추가 작업을 해야 하고 이는 원가를 올리는 요인이 된다. 하지만 이 추가 작업을 포함한 생산 공정이 대량생산 체제로 시스템화되면, 이 시스템을 거치지 않은 제품보다 싸진다.

쌀은 백미로 도정하면 현미보다 쌀겨를 더 깎아 내기에 양이 덜 나온다. 벼를 도정해 현미 100킬로그램이 나온다면 백미는 쌀겨 5킬로그램, 쌀눈 3킬로그램이 버려져 92킬로그램이 나오게 된다.

양도 적고 공정도 더 들어가기 때문에 현미보다 백미가 더 비싸야 말이 된다. 그런데 시중에서 판매되는 가격은 백미보다 현미가 비싸다. 여러 요인이 작용하겠지만, 도정 공정만 보더라도 에너지가 덜 들어가는 현미 도정의 삯이 백미보다 비싸다. 정미소에서 도정을 할 때 도정 라인이 길어 보통 앞사람 쌀의 일부가 뒷사람의 쌀에 섞이게 된다. 따라서 대부분 백미로 도정하는 정미소에서 현미 도정 공정을 요구하면 도정 라인에 남아 있는 앞사람의 쌀을 다 긁어내고 나서 현미 도정을 시작하고 도정 라인에 현미가 남아 있지 않도록 하고 나서야 뒤에 줄을 서 있는 사람들의 백미 도정을 다시 시작한다. 그러니 현미 도정에는 품삯을 더 요구하게 되고 바쁜 철에 현미 도정을 요구하면 잘 해 주지도 않는다.

흰 설탕이나 흰 소금, 투명한 기름 모두가 더 많은 공정이나 더 많은 에너지를 써서 나오는 것들이지만 수요가 많아 대량으로 생산하기에 값이 싸질 수 있다. 소비자들은 값이 싸기에 또 그러한 것들을 찾는다. 이렇듯 우리는 에너지를 더 써가면서 몸에 좋은 유용한 것들은 버리고 눈에만 깨끗하게 보이는 고칼로리의 음식을 먹으며 살고 있다. 그리고 이런 음식들은 비만과 각종 성인병으로 연결돼 인간의 건강을 위협하기에 백색 악마나 백색의 공포라 하는 것이다.

청결에 대한 강박

현대인은 자연스러운 것보다는 인간의 손을 거친 깨끗한 것을 찾는다. 오늘날의 자연이 옛날과 같지 않기 때문이다. 수돗물은 취수장에서 염소 소독을 거친 후 가정으로 향한다. 집안에서도 정수기를 다시 거치지 않은 물은 찜찜해한다. 집안 곳곳에 쌓인 먼지도 알레르기의 원인인 세균이나 집진드기의 서식처라며 진공청소기로 싹싹 거둬들인다. 아이가 땅에 떨어진 과자를 주워 먹으면 야단을 친다. 밭에서 유기농으로 키운 잎채소도 반드시 씻어 주어야만 맛보려 한다. 이렇듯 사람의 손을 거쳐 환경이나 제품을 깨끗하게 하려는 것이 생활화되고 제도화되어 있다. 하얗고 깨끗한 음식 재료를 찾게 된 것도 이와 무관하지 않아 보인다.

그런데 그렇게 깨끗한 것을 찾으면서도 깨끗한 벽지나 새로 사 온 가구에서 나오는 포르말린이 집안의 먼지보다 인체에 훨씬 해로울 수 있다는 사실은 못 보고 있다. 집안을 소독한다고 살균제나 살충제를 남용하는 것도 마찬가지이다. 깨끗한 것을 좋아하다가 오히려 건강을 해치게 되는 것이다. 요즈음 백일해나 결핵, A형 간염 환자가 느는 것이 지나치게 생활환경을 청결하게 해 면역력과 저항성이 떨어져 그렇다는 주장도 귀담아들을 필요가 있다.

부산물 퇴비는 성분도 일정치 않고 세균이나 불순물도 많아 차라리 화학비료가 낫다는 주장은 결벽증이라 할 만하다. 외부와 차단해 무균실로 만든 '식물공장'은 농약을 칠 필요도 없어 그 속에서 나온 채소야말로 친환경채소라고 자랑하는 것도 마찬가지이다.

소금과 관련해서도 이런 경향이 있다. 바닷물의 오염이나 염전 바닥에 비닐 장판을 사용하는 등 제조 과정의 위생 상태를 거론하며 천일염에 대해 부정적인 견해를 펴는 것이다. 소금은 짠맛을 위해 먹는 건데 얼마 안 되는 미네랄을 섭취하기 위해 오염 물질이 섞여 있을 수 있는 천일염을 먹느니 차라리 깨끗한 정제염을 먹겠다는 얘기이다. 천일염 제조 과정을 광업에서 식품업으로 다루게 된 것은 2009년부터이다. 과거 천일염의 제조 과정이 식품 기준으로 미흡할 수 있었다. 이런 점은 앞으로 친환경 천일염 생산 등으로 개선해 나가야 할 사항이지, 옛날부터 먹어 오던 여러 가지 장점이 있는 천일염 대신 정제염을 권할 사항은 아니다.

일등감자 불량감자

한때 감자 스낵 광고로 '일등감자', '불량감자'란 말이 유행한 적이 있다. 이 광고는 감자 스낵을 생산하는 데 그 원료인 감자를 일등감자만 쓰고 불량감자는 쓰지 않는다고 자랑하는 내용이다. 물론 이 업체는 품질 좋은 감자를 생산하기 위해 감자연구소까지 두고 우수 품종을 개발한 실적도 있다고 한다. 하지만 광고에선 품질에 대한 언급 없이 일등감자는 크고 모양이 번듯한 반면 그렇지 않은 것들은 불량감자로 다루고 있다.

감자는 크고 동글동글한 게 껍질 벗기기가 좋지만 못생기고 작다고 맛이 덜하거나 영양이 부족한 것은 아니다. 오히려 크기가 큰 감자는 보통 크기의 감자보다 품질이 못할 수도 있다. 흔히 수확물 중 종자용은 튼실하고 알맞게 자란 것을 고르고 큰 것은 오히려 기피한다. 마늘도 크게 자란 것들은 저장성이 떨어지기 때문에 종자용으로 두지 않고 먼저 먹는다. 그러니 생긴 모양이나 크기를 가지고 일등이니 불량이니 하는 말 자체가 잘못이며 실상을 왜곡하고 있다고 봐야 할 것이다. 굳이 일등감자를 구분한다면 맛이나 영양 등 우리 몸에 얼마나 좋은지로 보는 게 마땅하고 그런 점에선 유기농으로, 그것도 흙에 비닐을 씌우지 않고 키운 감자야말로 일등감자라 할 수 있다. 그런데 이렇게 키운 감자는 모양이나 크기도 제각각이고 벌레가 먹은 자국이 있는 것도 제법 많아 소비자들의 손길이 비껴가기 일쑤이다.

이렇듯 소비자들은 대체로 큰 것만 좋아한다. 제사상에도 큼직한 과일을 올리는 것이 조상을 기쁘게 하는 것이라 생각한다. 그러니 생산자들은 많은 거름, 특히 속효성의 화학비료를 뿌려 비만형 작물을 생산하고 있다.

식물들은 여건만 좋으면 무한 생장을 한다. 거름을 적게 준 배추보다 거름을 많이 준 것이 확실히 크고 속이 꽉 찬 단단한 배추로 자란다. 수박은 거름을 많이 주는 것은 물론 순지르기까지 해서 수박 줄기에 한두 개만 열리도록 해서 커다란 수박을 만든다. 많은 경우 소비자가 선호하는 과일을 생산하려고 지베레린이나 토마토톤 같은 생장조절제 농약을 쓰기도 한다. 이렇게 키운 작물들이 병충해에 약한 것으로 보아 이런 재배 방식이 작물을 건강하게 키우는 게 아님은 분명하다.

사람도 소식을 해야 건강하다고 한다. 비만형 작물 역시 체격은 좋으나 체력은 허약하고 겉보기에는 멀쩡하나 속은 성인병으로 병들어 있는 우리와 닮은꼴이다. 어쩌면 이런 비만형 작물을 먹은 결과 우리 몸이 이들을 닮게 되었다는 말이 적절할지도 모르겠다.

실속도 없는 모양만 일등인 감자를 찾는 것도 일종의 편식에 속한다. 감자도 키워 보면 크기도 어른 주먹만 한 것에서부터 콩알만 한 것까지 다양하게 나오고 모양도 동글동글한 것에서 넓적한 것, 찌그러진 것 등 여러 가지 생김새를 보여 준다. 먹을 것이 충분치 않았던 옛날에는 모양이 어떻든 버리는 것 없이 다 밥상에 올랐고, 사람들은 다양하게 생긴 감자를 먹었다. 벌레 먹은 감자조차 그 부분을 도려 내고 먹었다. 그런데 맛의 세계는 냉혹하다며 일등감자만이 밥상에 오를 자격이 있는 양 표현하는 광고처럼 감자를 골라 먹는다면 그것은 일종의 편식이다.

반듯한 오이는 드물다

감자보다도 작물의 모양을 더 심하게 따지는 것 중 하나로 오이를 꼽을 수 있다. 오이는 환경이 조금만 바뀌어도 모양이 달라진다. 그래서 반듯하고 길쭉한 오이를 키우는 게 쉽지 않다. 우리가 보통 먹는 오이는 다 자라지 않은 애오이다. 오이는 꽃 핀 후 수확할 때까지 하루 평균 2~3센티미터씩 자라는데, 따는 시기가 하루만 늦어도 퉁퉁해지고 끝이 노랗게 변해 간다. 또 영양 상태가 나빠지면 흔히 볼 수 있는 구부러진 오이가 나온다. 오이가 열리고 영양 공급이 부실하면 오이의 씨 쪽으로만 양분이 모여 끝이 뭉툭한 곤봉과가 된다. 양분과 수분의 이동이 원활치 못하면 오이가 크다가 만 채 퉁퉁해져 호박형 오이가 나오고, 수분이 부족하면 쓴 오이가 나온다.

오이의 생육 환경을 완벽하게 만들어 줄 수는 없고 오이 자체도 초기 혈기 왕성한 시절부터 노화에 이르기까지 생육 능력이 변하므로 이런 변화에 따라 여러 형태의 오이가 나오는 것은 당연하다. 그런데 농촌진흥청의 재배 관련 자료에서는 반듯한 오이는 정상과인 반면 그렇지 않은 오이들은 기형과로 부르고 있다. 구부러진 오이를 마치 잘못된 오이로 인식하게 하는 것이다. 이렇다 보니 시중에서는 아예 구경조차 어렵다. 노지 재배를 하면 정상과라고 하는 오이가 40퍼센트 정도 나오고 나머지는 기형과가 나온다. 비닐하우스 재배에서는 40퍼센트 정도 기형이 나온다. 이들 기형에 속하는 오이들이 결코 못 먹을 오이가 아님에도 사람들은 이런 오이를 거들떠보려 하지도 않는다.

　감자는 그래도 무게로 팔기 때문에 포장 박스 안에 좀 못생긴 것들이 들어 있다 해도 소비자들은 별말 없는 편이다. 그렇지만 오이는 개수로 팔기에 일정 규격에 미달한 오이들은 소비자들이 외면하니 생산자로선 처치 곤란일 때가 많다. 그러다 보니 어떻게든 반듯한 모양에 일정한 크기로 키우고자 아예 튜브 형태의 플라스틱 성형기를 씌워 공장에서 찍어내듯 키우기까지 한다. 심지어 사각 튜브로 사각 오이를 만들어 내고 별 모양의 오이까지 만들어 낸다.

　오이가 구부러지는 게 자연스러운 것인데 튜브 속에서 곧게 자라게 한다고 오이의 내용물 자체가 변해 더 좋아지는 것은 절대 아니다. 오히려 스트레스를 받을 수도 있다.

존재하는 것에는 이유가 있다

　'보기 좋은 떡이 먹기도 좋다'는 말이 있다. 요리도 먼저 눈으로 먹는다고 할 정도로 보기에 먹음직스러워야 한다. 사람도 미인을 보면 한 번 보고 두 번 보고 자꾸만 보고 싶다고 노래한다. 일반 소비자들이 농산물을 고를 때 크기나 모양, 색깔을 보고 좋아 보이는 것을 사는 것이 어쩌면 본능적이란 생각도 든다. 사실 보기에 좋은 것들이 대개 건강하게 잘 자란 것이고 큼직한 것들이 요리하기에도 편하다. 대부분 작물들은 좋은 환경에서 정상적으로 자라게 되면 모양새에 균형이 잡히고 조화를 이뤄 보기에도 좋다.

그렇지만 미인이라고 꼭 건강한 것은 아니며 더구나 모든 면에서 높은 가치가 있는 것도 아니다. 성형 미인은 말할 것도 없다. 사람은 키가 크든 몸집이 작든 얼굴이 좀 못생겼든 장애가 있든 다 나름의 역할이 있고 존재 가치가 있다. 이런 다양한 사람들이 어울려 또한 건강한 사회를 이룬다.

농작물도 보기에 좋은 것이 맛과 영양 모두 좋다는 것을 의미하지는 않는다. 농산물도 크거나 작거나 벌레 먹었거나 나름의 존재 가치가 충분히 있다. 다들 자연 속에 적응하느라 애쓰며 만들어진 존재이다. 벌레 먹은 감자는 그 상처를 스스로 치유하느라 다른 감자가 갖지 못한 것을 가졌을 수 있다. 그런 점에서 이들을 다양하게 먹는 것이야말로 우리 몸을 건강하게 살리는 길이다.

육식은 나쁜가?

　인간은 잡식동물로 식물성이나 동물성 구분 없이 아무거나 잘 먹을 수 있는 몸을 가졌다. 그러나 인간은 육식동물보다는 초식동물에 가깝다고 한다. 육식동물은 침에 소화효소가 없어서 삼킨 음식물을 위에서 대부분 소화를 시킨다. 그래서 위가 크고 강한 산(pH 1~2)을 분비해 부패를 막으며 소화한다. 반면 인간은 초식동물처럼 침에 아밀라아제란 효소가 있고 위산은 pH 4~5 정도의 산성을 띤다. 장의 길이도 몸길이의 5배 정도인 7~8미터로 긴 편이어서 육식동물보다 초식동물에 가깝다. 옛날부터 곡류와 채소, 과일 위주로 먹었던 동양인이 서양인보다 장의 길이가 더 길다.

육식은 우리 몸에 낯설다

앨 고어의 기후프로젝트 〈진실의 24시간〉 자료를 보면 세계적으로 육류 소비는 1950년 4400만 톤에서 2009년 2억8400만 톤으로 늘었고 1인당 소비량도 2배 이상 증가했다고 한다. 우리가 육식을 많이 하고 있음은 가축의 수를 보면 안다. 전 인류의 몸무게와 가축의 몸무게를 달면 가축의 무게가 더 무겁다고 하는데, 우리나라도 마찬가지이다. 우리나라에서 키우는 소는 약 300만 마리이고, 돼지는 1000만 마리가 넘는다. 닭은 약 1억 7000만 마리를 키우고 있다. 농협경제연구소의 발표로는 실제 우리나라의 1년간 육류 소비량은 1980년 1인당 11.3킬로그램에서 2010년 38.8킬로그램으로, 30년 만에 3배 이상 늘었다.

일부에선 우리나라 육류 섭취량이 하루 평균 100그램 정도로 미국의 1/3, 유럽의 1/2 정도밖에 되지 않아 동물성 단백질의 섭취량이 부족한 형편이며, 이 정도의 육식으로 성인병 위험을 얘기하는 것은 과장되었다고 주장한다. 하지만 단백질은 고기로만 얻는 게 아니다. 우리 몸에 필요한 단백질은 콩이나 현미 등 식물로부터 얻을 수도 있다.

우리 몸은 육식동물보다는 초식동물에 가깝기 때문에 육식을 주로 먹는 서구화된 식습관은 성인병을 일으키는 주요 요인이 된다. 고기를 지나치게 먹으면 콜레스테롤 수치가 올라가고 포화지방이 늘어난다. 그래서 고지혈증과 동맥경화 등 심혈관계 질환에 걸릴 위험이 높아진다. 이런 병은 고기를 먹는 양의 문제도 문제지만 어떤 고기를 먹느냐에 따라 그 양상이 달라진다.

쇠고기의 고소한 풍미를 더해 주는 부위인 마블링은 옥수수 사료 때문에 생기는 포화지방인데, 소의 건강이나 사람의 건강에 그리 좋은 건 아니다. 그런데 이런 마블링이 쇠고기의 품질을 좌우하는 기준이 되기 때문에 축산업자들은 이를 늘리려 애쓴다. 또 옥수수 사료를 먹고 자란 소에는 인간의 몸에 좋은 오메가3 대신 염증과 혈전을 일으키는 오메가6가 많다.

항생제나 성장호르몬제의 사용도 문제다. 농림축산식품부는 2011년부터 사료에 항생제 사용을 금지했지만, 현장에서는 여전히 항생제가 남용되고 있다. 2013년 KBS2 TV의 〈추적 60분〉에서는 시중에 유통되고 있는 쇠고기를 수거해 항생제 잔류 여부를 검사했는데, 128건 중 25건에서 양성반응을 보였다고 보도했다. 우리도 모르게 쇠고기를 통해 항생제를 먹고 있었던 것이다.

공장식 축산은 옥수수 사료와 항생제, 성장호르몬제 등의 폐해 외에도 여러 문제점이 있다.

구제역이나 조류 독감 등의 질병의 집단 발병으로 인한 피해와 항생제 내성균으로 인한 피해도 우려되는 문제다. 공장식 축산으로 고통을 받는 가축들의 동물복지에 대한 문제 제기도 있다. 가축의 사료 때문에 생기는 식량 문제도 큰 고민거리다. 고기 1킬로그램을 얻기 위해 육우는 7킬로그램, 돼지는 4킬로그램, 닭은 2.2킬로그램의 곡물을 사료로 먹여야 한다. 세계적으로 육식을 줄인다면 기아 문제를 해결할 수 있다는 얘기도 그래서 나온다. 우리나라에서 필요한 식량의 절반도 가축을 위한 식량이다. 우리나라의 식량자급률이 27퍼센트 이하이지만 가축을 위한 사료를 빼면 식량 자급률이 55퍼센트에 이른다. 그 차이에 해당하는 양만큼 사료용 수입 농산물이 차지하는 것이다.

새로운 먹을거리 적응에는 수천 년이 필요하다

충분히 음식 재료를 이용할 수 있는데도 '경제, 사회적인 이유'로 우리의 식단은 대량생산되는 일부 음식 재료로 제한되어 있다. 게다가 예전에는 없었던 새로운 음식 재료로 음식을 만들어 먹기도 한다. 이런 불균형 때문에 인류는 일찍이 겪어 보지 못한 '음식의 역습'을 당하고 있다.

풀이 아닌 옥수수를 주식으로 하는 소를 음식 재료로 이용하면서 성인병이 늘어났다는 건 이미 밝혔다. 그보다 더 큰 피해를 일으킨 건 광우병이다. 광우병은 소에게 소의 내장을 갈아 만든 사료를 먹이면서 시작된 병이다. 이런 쇠고기를 먹은 사람은 뇌가 점점 녹아 결국엔 죽음에 이르게 된다.

사람이든 동물이든 먹는 음식이 몸에 다양한 영향을 끼치게 된다. 일본 나가사키 대학의 아라카와 오사무 교수의 사례는 많은 것을 시사한다. 아라카와 오사무 교수는 먹이 조절만으로 독이 없는 복어 생산에 성공했다. 그는 2000년대 초반 일본 서해안 7곳에서 무독성 먹이로 복어 5천여 마리를 양식해, 결국 독성 성분인 '테트로도톡신'이 검출되지 않는 복어 양식에 성공했다.

인류에게 낯선 음식인 GMO와 트랜스지방, 저항성 전분 등도 현대 과학이 만들어 낸 새로운 음식이다. 이들 음식 재료가 인체에 미치는 영향이 아직 명확하게 밝혀진 것은 아니지만, 우려를 없앨 수 있을 만큼 무해하다는 증거가 발견된 것도 아니다. 유전자를 조작한 GMO 농산물 역시 아직 그 유해성이 명백히 드러난 것은 아니다. 그러나 이것을 먹고 오랜 시간 뒤에 나타날지도 모를 피해에 대해 우려하는 목소리가 높다.

트랜스지방은 식물성기름에 수소를 첨가해 고체화시켜 인위적으로 만든 기름이다. 트랜스지방은 식물성기름을 고체화하여 산패 방지 효과와 조리의 편리성을 도모했지만 동물성 포화지방보다 더 나쁜 것으로 밝혀졌다. 트랜스지방이 혈관에 쌓이면 심혈관 질환을 일으키고 당뇨병과 암도 일으키는 것으로 알려져 여러 나라에서 이를 규제하고 있다.

저항성 전분이라는 것도 있다. 강원도 농업기술원은 감자를 섭씨 121도에서 1시간 가열하고 섭씨 4도에서 24시간 냉각하기를 세 번 반복해 소화가 늦게 되는 저항성 전분을 만들었다. 사람이 먹어서 소화하기 힘든 것을 음식이라고 해야 할지 의문이지만 감자의 저항성 전분은 포만감과 맛은 느끼면서 마음껏 먹을 수 있는, 이른바 다이어트 식품이다.

독성이 없는 음식이라도 과거 먹어 보지 못한 음식들이 몸속에 들어오면 우리 몸은 이에 대한 적응력 부족으로 예상치 못한 이상이 나타날 수 있다. 더군다나 우리의 입으로 들어가는 것이 방부제나 감미료, 착색제, 발색제, 산화방지제, 표백제 등 각종 식품첨가물처럼 몸에 해로운 성분이라면 두말할 것도 없다.

인간의 몸은 오랜 기간 섭취해 온 음식에 적응하는 구조를 가졌다. 특정 음식을 장기간 먹으면 사람들의 몸도 이에 맞추어 변한다. 판다는 대나무 잎만 먹고도 살 수 있도록 몸이 구조화되었다. 사람도 지금은 편식이라 할 수 있는 음식이나 예전에 없던 음식을 몇 천 년, 몇 만 년에 걸쳐 계속 먹으면 몸이 그에 적응하도록 변할 것이다. 하지만 그렇게 되기 전까지 단기적으론 이에 적응하지 못해서 오는 온갖 부작용으로 고통받게 된다.

오늘날 우리의 먹을거리는 풍성해지고 다양해졌으나 실제 우리가 먹는 것은 일부 고칼로리 먹을거리로 편중돼 있다. 과다한 육식도 문제다. 더군다나 옛날에 없던 음식과 음식이랄 것도 없는 식품첨가물을 먹으며 우리 몸을 혼돈스럽게 만들고 있다. 그리고 이렇게 잘못된 음식과 식생활은

필연적으로 비만을 비롯해 아토피, 고혈압, 암 등 예전에 없던 현대질병을 낳아 인류의 건강을 위협하며 삶의 질을 떨어뜨리고 있다. 우리의 몸은 옛날을 기억하고 있으므로 가급적 우리 조상이 먹던 음식에 가깝게 먹는 것이 우리 몸을 위하는 길임은 분명하다.

생태계를 파괴하는 먹을거리

　세계의 주요 농산물들은 대부분 다수확 품종으로 개량되어 대규모 단일 경작으로 재배되고 있다. 미국이나 캐나다, 브라질, 중국 등 땅이 드넓은 나라들의 옥수수밭은 그 하나가 몇 백만 평, 몇 천만 평에 이른다. 차를 타고 몇 시간을 달려도 옥수수나 유채 같은 작물이 끝없이 이어지는 것을 볼 수 있다. 논밭에 다양한 작물이 서로 어우러져 자라는 것이 아니라 한 가지 작물만이 대규모로 해마다 기른다.

사막과 다름없는 드넓은 옥수수밭

한 작물만을 대규모로 계속해서 심으면 그 작물에 기생하는 병원체들이 토양에 계속 축적돼 병충해의 발생 가능성이 점차 높아진다. 그리고 병이 생기면 작물 전체로 쉽게 퍼져 피해가 매우 커진다. 대규모로 단일 작물을 계속해서 심는 농사는 이렇게 병충해에 약해 농약을 쓰지 않고는 원하는 수확량을 얻기 어렵다.

고추를 한 장소에 계속 심는 연작을 하면 역병이 생기기 쉽다. 게다가 고추 탄저병은 한번 생기면 급속히 번지고 탄저병균은 흙에서 월동해 해마다 병을 일으킨다. 밭에 여러 작물이 어우러져 있으면 작물마다 병해충이 달라 한 가지 병이나 해충이 창궐하지 못한다. 벼를 재배할 때 품종이 다른 벼를 섞어 심기만 해도 병충해가 크게 준다는 중국 운남 농업대 연구팀의 실험 결과가 2000년 8월 〈네이처〉지에 발표되기도 했다. 여러 작물이 서로 영향을 주어 병충해를 막기도 한다. 병해충 억제를 위한 혼작의 한 방법으로 고추밭에 들깨나 파, 마늘을 함께 심기도 하고 채소밭에 상추를 같이 심기도 한다. 또 여러 작물을 함께 심으면 설령 병이 생겨도 다른 작물로는 번지지 않아 피해가 한정되므로 농사 전체를 망치지는 않는다. 혼작이 한 공간에 여러 작물을 심어 병충해를 막는 것이라면, 시기마다 매번 작물의 종류를 바꾸는 돌려짓기 농사법, 즉 윤작은 시간의 차이를 이용해 병충해를 막는 농사법이다. 고추 농사에선 연작을 피하는 것이 필수이다. 고추를 심은 다음엔 고추뿐 아니라 같은 가지과에 속하는 토마토나 감자, 가지 등이 아닌 다른 작물을 심어 병원체의 밀도를 낮추는 방법으로 병의 피해를 줄일 수 있다. 돌려짓기엔 주작물 중간에 콩과 식물을 심어 땅을 기름지게 하는 방법도 쓴다.

대규모 단작은 이런 생태적인 면은 무시하고 경제성과 효율만 따지는 방식이다. 병해충 문제를 독성이 강한 제초제와 농약으로만 해결하려고 한다. 옥수수나 콩 등의 GMO 종자를 만드는 중요한 이유 중 하나도 특정 제초제에 내성을 갖도록 하기 위함이다. 이렇게 유전자를 조작한 GMO 품종은 제초제를 마음껏 쓰더라도 생육에 지장을 받지 않는다. 하지만 강한 제초제로 오염된 그곳은 해당 작물 외엔 풀 한 포기조차 없는, 생명체의 다양성이 깃들 여지가 없는 죽음의 땅이 된다. 농약과 제초제를 사용하는 단작은 작물의 생장에 해가 되지 않는 생명체는 물론이고 도움이 되는 생명체도 살 수 없게 만든다. 드넓은 밭에 인간이 키우고자 하는 작물만 외로이 서 있는 사막과 같다. 뭇 생명들과 어울려 살아야 하는 생명체를 생명으로 보지 않는 공장식 농사이다.

땅속을 망가뜨리는 화학비료

　생태계를 건강하게 유지하기 위해선 생태계 내에서 필요한 요소들이 순환되어야 한다. 농사도 마찬가지다. 그러나 오늘날 먹을거리 생산 과정에서 거름과 관련한 순환 체계는 철저하게 깨져 있다.
　옛날 우리네 농사에서 가축이나 사람의 똥과 오줌은 중요한 거름이었다. 밭에서 나온 것을 먹고 몸 밖으로 나온 것을 밭으로 되돌려 순환시켰다. 산과 들의 부엽토와 퇴비를 뿌려 기름진 농토를 유지했다. 그렇지만 이제 사람이나 가축의 똥오줌은 거름이 아니라 처치 곤란한 폐기물이 되었고 강이나 바다에 버려져 생태계를 오염시키고 있다. 그리고 논밭에는 순환과는 관련이 없는 화학비료를 뿌려 작물을 키우고 있다.
　부산물 퇴비 같은 유기물을 거름으로 쓰지 않고 화학비료를 쓰면 땅속의 미생물이 사라진다. 우리 눈엔 보이지 않지만 좋은 흙 1그램 속에는 약 1~2억 마리의 미생물이 있다. 이들은 땅속에서 퇴비 같은 각종 유기물을 먹으며 살아가고 이들에 의해 무기화된 양분이 식물의 뿌리로 흡수되어 식물이 성장하게 된다.

화학비료는 땅속에서 바로 무기화되는 무기질비료이다. 유기물을 뿌리지 않고 화학비료만을 쓰면 작물이 자라는 데는 당장 지장은 없다. 그러나 유기물을 먹어야 하는 미생물은 먹이가 없게 되어 점차 생존이 어렵게 된다. 화학비료가 땅속의 순환 체계를 망가뜨리는 것이다. 미생물이 사라지면 이를 먹이로 하는 원생동물이나 선형동물 역시 사라지게 되고 이들이 없어지면 더 큰 생물인 지렁이와 절지동물 또한 살 수가 없게 된다. 이런 토양 생물들은 흙을 농사짓기 좋은 떼알 구조로 만드는데, 토양 생물이 없는 땅은 점점 딱딱해져 농사짓기 어렵게 된다. 이렇게 변한 땅에선 유기물을 뿌려도 분해가 제대로 되지 않아 화학비료에 계속 의지하게 되는 악순환이 이어진다. 농약이 땅 위를 황량한 사막으로 만든다면 화학비료는 논밭의 땅속을 황폐화하는 셈이다.

아무것도 살 수 없는 데드존

농약에는 살균제와 살충제, 그리고 제초제와 생장조절제 등이 있다. 농림축산식품부 자료에 의하면 우리나라의 농약 사용량은 연간 2만 톤 이상으로 1헥타르당 20킬로그램 가까이 된다. 이는 미국의 5배다. 우리나라는 몬순 기후로 여름에 습하고 더워 병충해에 약하므로 농약의 사용량이 많을 수밖에 없는 측면이 있다. 하지만 깨끗하게 보이는 농산물을 좋아하는 소비자와 많이 생산하고 싶은 생산자의 욕심도 농약 과다 사용에 한몫

하고 있다.

농약은 논밭의 생태계를 직접 파괴하는 것 외에도 흙 속에서 분해가 잘 안 돼 흙에 오래 남아서 물을 오염시킨다. 어떤 농약 성분은 생체 조직 안에 들어가면 배출되지 않고 먹이사슬을 통해 축적되어 물고기나 이를 먹은 조류를 죽음으로 내몰기도 한다.

땅속의 미생물을 굶게 하는 화학비료도 토양을 산성화하고 물로 흘러 들어 수질을 오염시킨다. 특히 질소비료에서 나오는 질산염이 일으키는 수질오염이 문제다. 이는 토양에 잘 흡착되지 않고 물에 잘 녹아 지하수에 침투하기 쉽다. 질산염으로 오염된 지하수를 장기간 마시면 청색증에 걸릴 우려도 있다.

화학비료가 지표수로 흘러 들어가면 물속의 녹조류를 살찌우는 부영양화를 일으켜 상수원을 위협하기도 한다. 부영양화를 일으키는 요인은 질소와 인으로, 특히 인이 큰 영향을 끼친다. 인은 생활 폐수 중 합성세제에도 많이 들어 있고 산업 폐수에서도 나오지만 화학비료와 축산분뇨가 가장 큰 배출원이다.

부영양화 현상은 물속을 산소가 거의 없는 상태로 만들어 아무런 생명체도 살 수 없게 한다. 질소나 인을 영양분으로 해 물속의 조류가 급속히 늘어나면 산소가 부족하게 된다. 산소가 부족해지면 이미 대량 번식한 조류가 죽는데, 사체가 부패 과정에서 다시 산소를 소모해 물속을 산소가 없는 상태로 만들어 버린다. 그리고 죽은 유기물의 사체는 혐기성세균에 의해 부패하여 악취와 독성 물질을 만든다.

부영양화는 호수나 댐처럼 갇힌 물에서 주로 나타난다. 한국수자원공사 자료에 따르면, 대청댐에서는 최근 5년간 해마다 녹조가 생겼으며 영천댐과 주안댐에서도 3년 연이어 생겼다. 특히 4대강 사업으로 보가 설치된

2012년엔 녹조가 하도 심해 '녹조라떼'라는 신조어까지 등장할 정도였다.

오염된 물은 바다로 흘러가 적조를 일으키며 죽음의 바다를 만들고 있다. 적조는 수중의 용존산소를 부족하게 하며 적조 생물의 자체 독성으로 물고기를 폐사시킨다. 죽음의 바다인 '데드존'은 바닷물에 용해된 산소량이 적어서 생물이 살 수 없게 된 저산소 구역을 말한다.

남중국해와 우리나라 남서해안도 여기에 속한다. 미국과 스웨덴의 연구진이 2008년 〈사이언스〉지에 발표한 내용에 따르면 이런 데드존은 남한 면적의 2.5배에 이르며 1960년대 이후 10년마다 그 크기가 2배씩 늘고 있다고 한다. 화학비료와 가축 분뇨가 주요 원인이다. 세계의 화학비료 사용량은 2000년엔 1960년보다 8배나 늘었다고 한다. 우리나라는 상대적으로 많이 줄어든 축에 속한다. 농림축산식품부 자료를 보면 우리나라의 2010년 화학비료 사용량은 헥타르당 232킬로그램으로, 2004년 385킬로그램보다는 많이 줄었다. 특히 2005년부터 화학비료에 대한 보조금 지원이 없어지고 대신 친환경 농자재에 대한 지원이 늘면서 화학비료의 사용은 점차 줄고 있다. 그렇지만 한때 화학비료의 사용량이 세계 1위였던 우리나라는 아직도 유럽 여러 나라에 비해서는 화학비료의 사용이 매우 높은 수준이다.

축산 분뇨도 질소와 인 등이 고농도로 함유돼 정화 처리가 어려운 환경오염원 중 하나이다. 우리나라 인구의 총 몸무게보다 더 무거운 가축들에게서 나오는 분뇨의 양은 사람이 내놓는 양보다 훨씬 많다. 축산 분뇨는 논밭으로 되돌려야 할 자원이다. 그러나 축산을 통해 나오는 분뇨를 폐기물로 다루어 무단 방류로 강을 오염시켰다. 특히 돼지 분뇨는 바다에 마구 버려 바다 오염 문제를 일으켰다.

육상 폐기물의 해양 투기는 1996년 런던협약으로 금지했고 우리나라는 2006년부터 해양 투기를 줄여 나가다 2012년부터는 해양 투기를 전면 금지했다. 2010년 말 기준으로 우리나라 가축의 분뇨 배출량은 4천650만 톤이나 된다. 이 중 86.6퍼센트가 퇴비나 액비로 자원화되고, 9퍼센트는 정화처리 되었으며 100톤 정도가 바다에 버려졌다고 한다. 축산 분뇨는 수질을 오염시키는 것 외에도 분뇨 속에 함유된 항생제나 성장호르몬제 등이 문제가 되고 있다. 이로 인해 엄격한 유기농 기준에는 유기축산이 아닌 일반 축산 분뇨는 쓰지 못하도록 하고 있다.

먹을거리는
기후변화를
일으킨다

기후의 변화는 자연적 요인도 있지만 오늘날은 인위적 요인에 의해 급격히 변화해 인류의 생존을 위협하는 가장 큰 요소 중 하나가 되었다. 기후변화는 산업화 이후 풍요와 편리를 추구하는 우리 삶의 여러 양태가 낳은 것이지만 다시 우리 삶의 곳곳에 영향을 주고 있다. 특히 기후변화는 인류의 먹을거리 생산을 막아서고 있다.

기후변화의 주요 요인은 온실가스 증가로 생긴 지구 온난화다. 화석연료가 타면서 생기는 이산화탄소(CO_2)가 온실가스 배출량의 약 60퍼센트 이상을 차지한다. 또 유기물의 분해나 가축 배설물의 분해 과정에서 생기는 메탄(CH_4)이 전체 온실가스의 15~20퍼센트, 화학비료 등에 의한 아산화질소(N2O)가 15퍼센트 정도를 점한다.

　지구 온난화로 우리나라는 지난 100년간 평균기온이 1.5도나 올라갔다. 세계 평균 0.74도의 2배다. 특히 서울은 2.5도나 올랐다. 한반도는 기후변화 민감 지역으로 온실가스 농도와 평균기온 상승 폭이 지구 평균에 비해 크다. 바다의 온도도 100년간 세계평균이 0.5도 오른 데 비해 한반도 주변은 최근 40년간 1.3도 올랐다. 또 제주 지역 해수면은 지난 40년간 22cm 올라갔다. 이는 세계 평균보다 3배 높은 수치이다.

　이런 온난화로 한반도는 아열대기후로 변화해 서울 기준으로 봄, 여름은 한 달 정도 길어지고 겨울은 한 달 정도 짧아졌다. 그리고 폭염과 열대야, 호우가 늘어났고 기후의 변화 폭이 커졌다. 하루 80밀리미터 이상 집중호우가 내리는 날의 수는 1970년대보다 2배 이상 늘었다.

먹을거리 생산과 온실가스 배출

　온실가스 증가에는 먹을거리도 관련이 많다. 농축산물 생산 과정에서 온실가스가 많이 생긴다. 또한 먹을거리의 수송, 가공과 포장, 냉장저장, 조리 등 각각의 단계에서도 에너지를 씀으로써 온실가스가 배출된다. 뿐만 아니라 음식물 쓰레기 처리 과정에서도 온실가스가 나온다. 먹을거리 때문에 흙이나 물이 오염되기도 하지만 이것의 생산과 소비 과정은 기후변화에도 영향을 끼친다.

　'지속가능한 농업과 기후변화 위원회(CCAFS)' 보고서는 세계적으로 농업에서 배출한 온실가스 양이 전체 온실가스 배출량의 25~33퍼센트 정도 되는 것으로 보고 있다. 먼저 농업을 위한 산림 파괴가 온실가스 배출의 18퍼센트를 차지한다. 팜유나 사탕수수 재배 등 플랜테이션 농업을 위해 열대우림을 불태우고 벌채하면서, 흙(이탄층)이 품고 있던 엄청난 이산화탄소가 대기 중으로 배출된다. 또한 열대우림이 파괴되어 이산화탄소 흡수량이 줄어든다. 농업이 직접적으로 배출하는 온실가스 비중도 12~14퍼센트나 된다.

아산화질소와 메탄가스

농업에서 생기는 온실가스 대부분은 아산화질소(N_2O)와 메탄가스(CH_4)이다. 아산화질소는 교토의정서가 지구 온난화를 막기 위해 감축 대상으로 선정한 온실가스 6종 중 하나로, 같은 양의 이산화탄소에 비해 온실가스 효과가 310배 정도로 강하며 분해되기까지 120년이 걸린다. 대기 중 아산화질소 농도가 계속 늘어나는 것은 농사에 쓰는 화학비료 때문이라고 밝혀졌다.

서울대 박선영 교수 연구팀에 의하면 대기 중 아산화질소의 동위원소를 관찰한 결과 아산화질소 농도는 계절에 따라 주기적으로 변하는데 질소 비료 사용이 늘어나는 여름철에 가파르게 올라가기 시작해 늦가을에 정점을 이룬 후 봄철 파종기까지 줄어드는 주기가 반복되는 것으로 나타났다. 지속적인 화학비료 사용 때문에 대기 중의 아산화질소 농도가 높아진다는 사실을 밝힌 것이다. 덧붙여 화학비료가 아산화질소를 만들게 되는 것은 미생물 작용 때문으로 설명했다.

아산화질소는 가축 분뇨에서도 생긴다. 온실가스종합정보센터 자료를 보면 우리나라는 2009년 농업에서 생긴 아산화질소의 절반 가까이가 가축 분뇨에서 발생했다. 분뇨 처리 과정과 농경지에 뿌려진 가축 분뇨에서 생긴 것으로 나타난다.

메탄가스의 온실가스 효과도 이산화탄소보다 21배나 높다. 우리나라 농업 부문에서 생기는 온실가스 중 메탄가스가 차지하는 비중은 57퍼센트로, 아산화질소 43퍼센트보다도 많다. 메탄가스는 축산과 벼농사에서 주로 생긴다. 가축이 사료를 소화하는 동안 장내 발효로 메탄가스가 배출되고 또한 분뇨 처리 과정에서도 메탄가스가 나온다. 이보다 많은 메탄가스는 벼농사에서 생긴다. 논에 물을 대면 유기물이 혐기적으로 분해되어 메탄가스가 생긴다. 실제 물을 대고 모내기를 한 후 일시적으로 물을 빼 주기만 해도 메탄가스 발생은 절반으로 줄어든다.

2010년 경기도 농업기술원이 탄소표시제 시범 적용을 앞두고 고양, 안성, 양평 등 5개 지역에서 쌀 생산 과정에서 발생하는 이산화탄소 배출량을 파악한 바 있다. 그 결과, 일반 쌀 40킬로그램을 생산할 때 발생하는 이산화탄소 배출량은 36.2킬로그램이었다. 반면 친환경 쌀은 18.7킬로그램으로 일반 쌀의 이산화탄소 배출량의 52퍼센트였다. 친환경 시설 상추의 경우 1킬로그램 생산에 이산화탄소 배출량이 1.27킬로그램으로, 일반 시설 상추 2.09킬로그램의 60퍼센트 수준이었다.

관행농업이 온실가스로 기후변화에 끼치는 영향은 친환경농업의 2배 가까이나 되는 것으로 나타났다.

온실가스로 차린 밥상

오늘날 농사는 대부분 기계가 짓는다. 농기계는 석유를 소비한다. 한겨울에도 비닐에서 난방을 하고 작물을 재배한다. 먹을거리는 차로, 배로, 심지어 비행기까지 타고 지구 전체를 넘나든다. 많은 먹을거리가 가공과 포장 과정을 거친다. 특히 저장하는 데도 많은 에너지를 쓴다. 많은 농작물이 저온저장고에서 저장되고 채소나 고기는 밥상 위에 오르기까지 냉장 보관된다.

농장에서 밥상까지 공간적 거리 못지않게 시간적 거리도 멀어져 그 간격을 에너지로 메우고 있다. 물론 조리를 위해서도 가스나 전기가 쓰인다. 이 모든 에너지 소비 과정에서 온실가스를 배출한다.

환경부에서 밝힌 '음식물 에너지 소모량 및 온실가스 배출량 산정 연구결과(양승룡 교수)' 자료를 보면, 4인 가족의 한 끼 밥상이 차려지기까지 쓰이는 에너지가 4.72kWh[1]라 한다. 4.72kWh에 이산화탄소 배출계수 453g/kWh를 적용하면 2.1킬로그램CO_2e[2]에 해당하고, 이를 하루 세 끼로 전체 인구에 적용하면 연간 먹을거리로 생기는 온실가스는 2800만 톤CO_2e가 되어 농업에서 생기는 온실가스 1900만 톤CO_2e보다도 많다.

음식과 관련된 에너지 사용을 미국의 사례에서 살펴보자. 미국의 음식과 관련된 에너지 사용은 10.25쿼드[3]로 전체 에너지 사용의 10퍼센트를 넘어섰다. 에너지 사용 비중을 보면 농업 생산 부문이 21퍼센트인 반면 가정에서의 냉동, 냉장과 조리가 31퍼센트, 음식 가공 분야가 16퍼센트, 수송이 14퍼센트 등이었다.

생산 자체를 위한 온실가스 발생은 피할 수 없는 측면이 있지만, 저장과 가공, 수송에서 훨씬 많은 온실가스가 생기는 것은 우리의 식생활 패턴

---

1) 1kWh=1kw의 에너지를 1시간 동안 사용한 양.
2) CO_2e 여러 종류의 온실가스가 특정 기간 지구 온난화에 미치는 영향을 이산화탄소를 기준으로 환산해 총량을 표시할 때 쓰는 단위이다. 보통 100년을 기준으로 한다.
3) 쿼드는 에너지를 나타내는 단위다. 1쿼드는 석탄 4500만 톤, 원유 2300만 톤에 해당하는 에너지양이다.

과 관련이 크다 할 수 있다. 에너지 측면에서 봤을 때 먹을거리 1kcal를 얻기 위해 석유 10kcal를 쓰는 셈이니 엄청난 에너지 낭비이며 비효율이다.

자동차보다 온실가스 배출이 많은 육식

원래 농업은 광합성 작용만으로도 가능했다. 태양에너지를 우리가 쓸 수 있는 에너지로 만드는 에너지 공장이 바로 농업이었다. 그런데 오늘날의 농업은 에너지 다소비 산업이 되어 버렸다. 경제성과 효율을 중시하는 시장경제가 생태적인 측면에서는 비효율적으로 움직인 셈이다. 쇠고기 1킬로그램을 얻기 위해 곡식 7킬로그램을 쓰는 축산업은 비효율의 대명사라 할 수 있다.

유엔 식량농업기구(FAO)는 사료 생산 등 간접적인 발생 요인까지 포함하면 축산업의 온실가스 총 배출 비율은 18퍼센트로, 전 세계 교통수단으로 말미암은 총 배출 비율 13.5퍼센트보다도 높다고 했다. 1주일에 하루만 채식을 하더라도 5주 동안 자가용을 사용하지 않은 것과 같은 효과가 있다. 음식물 쓰레기로 인한 온실가스 배출도 만만치 않다. 또 음식물 쓰레기 20퍼센트를 줄이면 승용차 47만 대가 1년간 운행하며 배출하는 177만 톤의 이산화탄소를 줄일 수 있다. 우리가 먹는 음식물의 1/7이 쓰레기로 버려지니 이를 줄일 수 있다면 음식물의 생산, 저장, 조리 등 전 과정에서 생기는 온실가스를 줄이는 셈이고 음식물 쓰레기 처리로 생기는 온실가스도 줄일 수 있다.

먹을거리로 인한 온실가스의 발생을 줄이기 위해선 제철에 나는 유기농산물을 소비하고 육식을 줄이고 음식물 쓰레기를 줄이는 녹색 생활을 하면 된다.

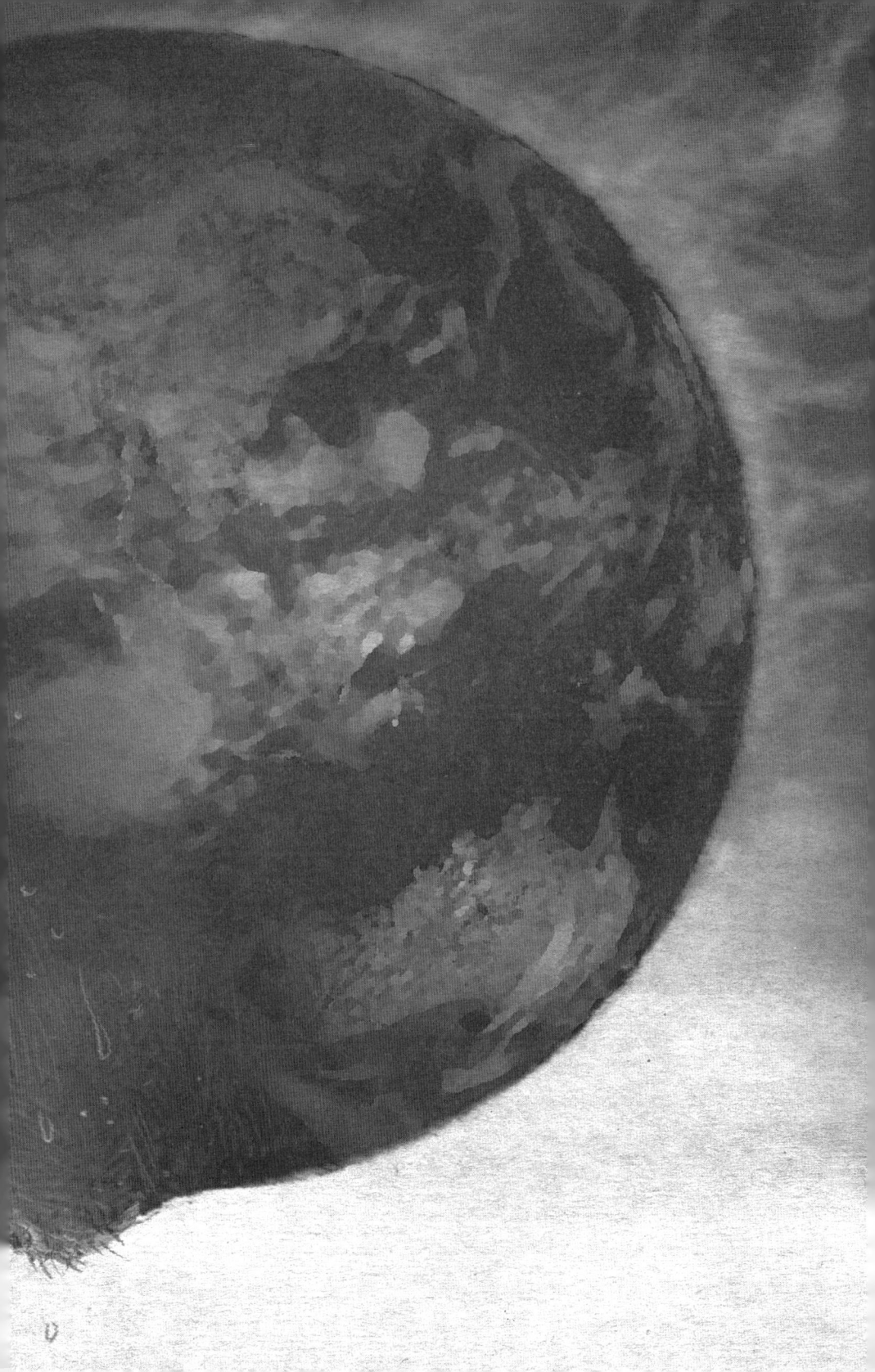

1인당 푸드 마일리지가 프랑스의 10배

우리나라는 식량의 70퍼센트 이상을 수입해 먹는다. 수입된 식량작물은 대개 가공식품을 만드는 원료나 사료로 쓰인다. 치킨이나 쇠고기, 삼겹살, 라면이나 빵, 피자, 물엿, 식용유, 김밥, 떡 등 거의 모든 식품에 수입 농산물이 들어 있어 우리나라 국민이라면 누구도 수입 농산물을 피해 갈 수 없다.

식량 수입과 온실가스 배출 문제에서 지적할 사항이 한 가지 있다. 먹을거리로 인한 온실가스 배출량을 계산할 때, 수입 농산물의 생산과 수송으로 생긴 배출량은 수입국의 온실가스 배출량 산출에 포함되지 않는다. 유엔 산하기구인 IPCC(기후변화에 관한 정부 간 패널)는 각국 정부에 온실가스 배출량을 산출해 해마다 보고토록 하고 있다. 이때 배출량 산출은 IPCC 기준에 따라 배출원과 흡수원 중심으로 한다. 이에 따라 우리 농산물 생산이 줄고 대신에 식량의 수입이 늘어도 농업으로 인한 우리나라 온실가스 배출량은 줄어든 셈이므로, 감축에 성공한 결과로 나타날 수 있다. 중국은 이산화탄소 배출 1위 국가이지만 75퍼센트는 외국 소비자를 위한 온실가스 배출이어서 수입품과 수출품을 계산에 포함하면 탄소발자국은 1/5로 준다. 이런 문제 때문에 생산이 아닌 소비 관점에서 온실가스 배출량을 계산하고 관리해야 한다는 주장도 있지만 작은 목소리에 그치고 있다.

수입품의 생산과정은 수입국에서 파악하는 데 어려움이 있다. 또 수입국 정부의 통제력도 미치지 않아 온실가스 감축 노력에 한계를 보이기 때문이다. 나라 안에서 배출된 온실가스 배출량 계산만으로는 먹을거리로 인한 기후변화 영향을 잘못 판단할 수 있다. 신토불이나 지역 먹을거리를 내세워 자급률을 높이면 온실가스 배출량이 오히려 늘어나는 것으로 나타날 수 있다.

　우리나라의 먹을거리 수송으로 인한 온실가스 발생량은 결코 적지 않다. 칠레산 포도는 2만480킬로미터를 달려오고 캘리포니아산 쌀이나 오렌지도 9천604킬로미터를 이동해 우리 식탁에 오르고 있다. 국립환경과학원에 따르면 2010년도 우리나라 1인당 식품 수입량은 468킬로그램으로 일본 370킬로그램의 1.3배에 달한다. 1인당 푸드 마일리지는 7085tkm[4]로 2001년의 5172tkm에 비해 37퍼센트 늘었으며, 프랑스 1인당 푸드 마일리지의 10배에 이른다. 우리나라 푸드 마일리지의 증가는 미국에서 수입해 오는 곡물 증가가 주요 요인이다. 식품 수입으로 인한 이산화탄소 발생은 1인당 142킬로그램CO_2e로 앞에서 살핀 먹을거리 관련 에너지 사용으로 생기는 전체양 570킬로그램CO_2e의 25퍼센트에 해당한다. 단지 온실가스 배출 자료에 기록되지 않을 뿐이다.

일상화된 기상이변

　온실가스 배출로 지구 온도가 올라갔다. 지구 평균기온이 섭씨 14.73도라는 점을 감안하면 기온 1~2도 상승은 엄청난 변화라 할 수 있다. 지구 온난화는 기상이변을 쉼 없이 일으키고 있다. 기상 예측은 과거 30년의 관측치를 기준으로 하게 되는데 이를 벗어나게 되면 기상이변이라 한다.
　우리나라는 최근 10년 사이 장마 후 집중호우 현상이 뚜렷이 나타나고, 국지적으로 강수량 편차가 크고 강도도 세지는 아열대성 기후가 나타

---

[4] tkm 톤킬로 톤수와 킬로수의 적산으로서, 철도 항공기 등에 의한 일정 기간 동안의 수송량을 나타낸다. 2톤 화물을 10킬로미터 수송했을 경우 20톤킬로라고 한다.

나고 있다. 겨울엔 폭설과 한파가 더욱 심해지고 있다. 이제 기상이변은 아주 일상적이어서 더 이상 '이변'이 아니게 됐다.

특히 최근 2년간 우리나라 기상이변엔 '기상관측사상'이란 단어가 번번이 따라붙을 정도의 이변이었다.

2010년 8월과 9월에 걸쳐서는 폭염에 장마가 이어졌는데, 농사에선 기온상승의 여파로 배추 무름병이 생겨 고랭지 배추 생산량이 40퍼센트나 감소했고 연이은 비로 김장 채소 파종 시기를 놓친 데다 생육도 부진해 배추 생산량이 크게 줄었다. 결국 배추 한 포기당 가격이 1만3천 원까지 올라 전국적인 배추 대란이 일어났다. 또 벼는 일조량 부족으로 생산량이 30퍼센트 감소했고 잡곡 역시 생산량 감소로 품귀 현상을 빚었다. 한편 낭충봉아부패병이 생겨 한반도 토종벌의 90퍼센트 이상이 사라져 궤멸 직전까지 갔다. 지구상 25만 종의 식물 가운데 1/3은 꿀벌 등의 곤충으로 생식하는 충매화다. 교배 매개체인 벌이 사라지면 식물 생태계 전체가 흔들릴 수 있다.

2011년 11월은 관측 이래 최고 기온을 기록하였다. 11월 5일 서울의 낮 기온이 25.9도를 기록했고 전국 11월 평균기온은 11도로 관측 이래 최고였다. 11월 말 강원도에 내린 50센티미터의 폭설 역시 11월 폭설로는 관측사상 처음이었다. 11월의 기온 상승으로 배추와 무의 품질은 떨어진 반면 생산량은 늘어나 배추 가격은 전년도 폭등 가격에 비해 1/10로 폭락하는 롤러코스터 가격 현상을 보여 기상이변으로 말미암은 농사의 어려움을 실감하게 하였다.

기상이변으로 말미암은 농업 재해는 우리나라만의 문제는 아니다. 세계 곳곳에서 폭염과 집중호우, 가뭄 등 기상이변 뉴스는 끊이지 않고 있다. 2011년도만 해도 북극의 빙하는 사상 최저 면적을 기록했고 유럽과 미대륙은 폭설과 한파, 가뭄과 폭우 등 악천후를, 아프리카와 남미는 심한 가뭄과 폭염을 겪었다. 이런 날씨로 세계 최대 곡물 수출국인 미국과 아르헨티나가 농작물 생산에 타격을 입었다. 또 러시아의 이상 기온에 이어 중국 역시 중북부지방의 심한 가뭄으로 밀 생산에 타격을 입어 국제 곡물가격을 들썩이게 했다. 미국의 레이 모타 농무부 국장은 지난 10년간 전 세계 자연재해 발생 빈도가 4배로 늘었으며 미국도 해마다 가뭄으로 농업 손실이 60억 달러에 이른다고 밝혔다. 세계 인구는 계속 증가하는데, 식량 생산은 줄어들 것으로 예측된다는 것이다.

2010년과 2011년, 기후변화로 인한 식량 생산의 예기치 않은 감소로 러시아나 미얀마, 인도 등 곡물 수출국들이 곡물 수출을 금지한 바 있다. 이에 유엔 산하 식량농업기구(FAO)는 농업정책 긴급 기준을 발표하며 자국의 식품가격 상승을 막으려는 수출 제한 같은 단기조치에 신중을 기할 것을 당부했다. 이는 식량가격 급등 속에 각국의 규제 조치로 자칫 아프리카와 아시아의 식량 수입국이 심각한 위기를 겪을 수 있다는 우려 때문이었다. 앞으로 식량은 군사력보다 더 강력한 무기가 될 수 있다.

유기농은
생태계를
살린다

　오늘날 생태계가 위기에 이르게 된 원인으로는 자연에 대한 인간의 무지와 오만, 그리고 인간의 탐욕과 이기주의의 만연 때문이다. 먹을거리가 안전성의 문제에 이르고 생태계를 위협하기에 이른 것도 별반 다르지 않다.
　농사에서 화학비료가 등장한 것은 우리가 땅속 미생물의 세계를 미처 알지 못해서라고 할 수도 있다. 그렇지만 미생물의 중요성을 알게 된 지금도 여전히 화학비료의 편리성과 효과 때문에 이에 의지한 채 농사를 짓고 있다. 또 먹을거리의 상품성과 생산원가 절감을 위해선 농약이든 GMO든 가리지 않고 사용해 이익 극대화를 추구한다.
　이런 상업주의를 유지해 주는 것은 우리들 자신이다. 벌레가 먹어 흠이 있거나 생긴 모양이 말끔하지 못하면 외면한다. 속은 어떤지도 모른 채 크고 빛깔만 번드레한 먹음직하고 보기 좋은 것만 고른다. 농부들은 농산물을 그렇게 키우기 위해 화학비료를 쓰고 살충제로 벌레를 죽이고 살균제를 뿌려 병을 막는다. 우리는 또 외국에서 대량생산된 농산물과 이들을 원료로 한 값싼 가공식품을 별 거부감 없이 소비한다. 이런 소비로 친환경적으로 농사를 짓는 소농들은 설 자리를 잃고 있다.

자연이 인간의 지배 대상이든 인간이 다른 생명체와 동등한 자연의 일부이든, 분명한 것은 생태계에 대해 인간이 저지른 결과가 인간에게 다시 되돌아온다는 것이다. 지구라는 틀 안에서 순환하게 되는 생태계의 특성상 당연하다.

이런 문제도 있다. 먹을거리의 생산으로 생태계가 파괴될 때, 정작 그 피해는 파괴를 저지른 사람이 아니라 엉뚱하게 다른 사람들이 입을 수 있다는 문제다. 이른바 생태 부정의 현상이다.

화학비료를 사용해 키운 농산물은 내가 먹더라도 화학비료로 상수원에 녹조류가 생기면 농부나 나와 관계없는 상수원 이용자에게 피해를 준다. 또 화학비료로 말미암은 기후변화는 저 멀리 남반구의 사람들에게 피해를 주는 결과로 나타난다. 유전자조작을 한 GMO 농산물의 경우 인체에 유해한지는 아직 찬반이 엇갈리고 있다. 하지만 GMO 때문에 주변 식물에 유전자가 전이되는 환경문제를 일으킬 수 있고 심각한 생태계 오염으로 이어질 수 있다는 경고는 잇따르고 있다. 결국 그 피해가 우리 후손에게 나타날 수 있다는 점에서 GMO 농산물의 사용은 후손들에게 큰 생태적 빚을 지는 것일 수 있다.

무엇보다 잘못된 농사로 발생한 문제는 미래에 식량위기를 불러올 수 있다는 점이다. 화학 농업과 단작은 대량생산을 가능하게 해 오늘날의 식탁을 풍성하게 만들었다. 그러나 미생물이 사라지고 생물 종이 사라진 땅에서는 이제 화학비료를 뿌려도 생산량이 늘지 않는 한계에 다다랐다. 오히려 지력이 떨어지고 생태계가 파괴되어 각종 병충해의 위험은 더 커졌으며, 환경위기에 대한 대응력이 약해져 식량의 안정된 생산을 위협하기에 이르렀다. 어쩌면 석유처럼 수억 년에 걸쳐 유지되어 왔던 자원을 100~200년이라는 짧은 기간에 다 소진하고 말아 미래에 남겨 줄 것이 없듯이, 수천 년 이어온 토양자원을 불과 몇 십 년 만에 속 빈 껍데기로 만들어 미래에 식량 위기를 넘겨주게 될지도 모른다.

그래도 땅과 기후는 시간이 흐르면 언젠가는 복원될 수 있다. 하지만 상업화된 경제작물 위주의 농사로 유전적 자원의 다양성이 사라진 것은 회복될 수가 없다. 한번 사라진 토종 씨앗은 세월이 흐른다고 복원되지 않는다. 앞으로 닥칠 여러 환경의 악조건 속에 토종 씨앗의 몫이 중요할 수밖에 없는데 이들을 사라지게 하는 것은 미래 세대 최후의 식량마저 앗아버리는 것이다.

우리는 유기적으로 농사지은 먹을거리를 찾음으로써 생태계 회복에 기여할 수 있다.

우리는 먹을거리의 '묻지 마 소비'를 함으로써 전 세계에서 벌어지고 있는 생태계 파괴와 환경오염, 농지의 사막화와 온실가스의 배출, 그로 인한 기후변화에 협력하고 있는 셈이다. 그러니 이와 같은 '묻지 마 소비'를 단지 멈추는 것만으로도 생태계 회복에 참여하는 것이 된다.

불가에서는 모르고 짓는 죄의 엄중함을 말하고 있다. 모든 인간의 악이 무지에서 비롯된다고 보기 때문이다. 내가 하는 장보기와 여름철 우면산을 쓸어내릴 만큼 어마어마하게 쏟아지는 장대비 사이의 연관관계를 볼 수 있다면, 다소 비싸고 못생기고 벌레 먹은 우리 유기농산물과 유기식품으로 장바구니를 채우는 일이 그렇게 어려운 일은 아닐 것이다. 농사가 어떻게 지구를 망치고 있는지 알아야 한다. 시장을 통해 농사를 지배하는 건 소비자이기 때문이다.

4

유기농으로
자급자족을!

안철환 도시 농부

'전국귀농운동본부' 홍보출판위원장을 맡고 있다. 경기도 안산에서 '바람들이 농장'을 일구는 한편, 주말농사 학교를 운영하다가 최근 '텃밭보급소'라는 사회적 협동조합으로 전환 설립해 도시인들의 텃밭 가꾸기와 귀농자 실습을 돕고 있다. 남은 음식물과 똥오줌을 받아 직접 거름 만들기를 실천하고 있으며 우리 토종 씨앗과 전통 농업 살리기에도 힘쓰고 있다.

유정길 환경운동가

정토회의 환경기구 '에코붓다'의 공동대표를 역임했고, 공동체 내 공양간(부엌)에서 10개월간 공양주로도 활동했다. 2001년부터 4년간 한국JTS에서 아프가니스탄 개발협력을 맡아 일했고, 이후 '평화재단'에서 남북문제의 평화적 해결을 위한 활동을 해 왔다. 현재 '모심과 살림연구소', '전국귀농운동본부', '환경운동연합'에 이사와 정책위원으로 활동하고, 계간 〈씨알의 소리〉, 계간 〈민주〉 등의 기획위원과 편집위원이다. 생명 평화, 지속 가능한 국제 개발협력, 평화 통일을 화두로 하는 대안사회 운동에 관심을 갖고 있다.

소비자가 경험하는 자급의 힘, 도시 텃밭

안철환_도시 농부

　농사의 매력 중 하나가 '자급경제'가 가능하다는 점이다. 도시는 이미 자급경제가 다 사라졌다. 화폐경제, 시장경제 아니면 하루도 목숨을 부지하기 힘든 세상이 된 것이다. 서울에서 나고 자랐지만 우리가 어릴 때만 해도 우리 어머니는 양말, 옷 등을 직접 만들어 주셨다. 어디 그뿐이랴. 코딱지 만한 텃밭만 있으면 상추며 부추며 뭐라도 꽂아 먹었으니 자급경제는 생활에 꼭 필요한 한 부분이었다. 그리고 이웃들끼리 김장도 같이 담가 먹고 명절 때도 음식을 나누는 것이 생활의 기본이었으니 공동체 경제도 남아 있었다. 이런 자급경제, 공동체 경제가 도시에선 사라졌지만 농사에서 만큼은 여전히 가능하다. 자급경제는 농사의 큰 매력이다. 아니 어쩌면 농사의 본질일지 모른다. 그런 농사의 성격을 다시 살려 도시에서 자급경제와 공동체 경제를 살려 보는 것이 도시농업의 큰 목적일 터이다. 그래서 이 글에서는 자급농사만이 누릴 수 있는 기쁨을 소개하고자 한다.

약식동원(藥食同原)의 먹을거리

음식이란 기본적으로 약이어야 한다고 생각한다. 음식이 약이 아니면 차라리 독이라 여긴다. 예전부터 선조들은 우리 음식을 '약식동원'이라 했다. 약과 음식의 근본이 같다는 뜻이다. 우리 음식이 약이 되는 이유는 돌이 많은 거친 땅과 급변하는 날씨 그리고 맑은 물 때문이다. 아름다운 금수강산이라 하는데 웬 거친 땅인가 하겠지만, 사실 우리나라 산세와 지세가 아름다운 이유는 돌이 많고, 산도 바위산이 대부분이기 때문이다.

바위, 특히 화강암이 풍화되어 흙이 되었기 때문에 흙을 조금만 파도 돌이 많다. 게다가 모암인 화강암이 산성암(이산화규소 $SiO2$ 함량이 높은 암석)이라 규소 함량이 높다. 이런 토양에서는 식물들의 생육이 원활하지 않다. 열대림에서 볼 수 있는 아름드리 큰 나무가 별로 없다. 일본만 해도 토양이 우리와 다르다. 일본은 흙산이 대부분이다. 흙도 화산회토라 토심이 깊다. 우리보다 따뜻한 위도에 있어 숲의 나무들도 크고 숲도 깊다. 일본에서 산의 협곡을 보면 그 끝을 알 수 없을 만큼 깊은 게 무섭다는 느낌이 들 정도다. 그에 비하면 우리 산의 나무들은 정원수나 다름없다.

작물들도 크게 자라질 않는다. 10년 전 아는 분이 중국에 다녀오며 타조알 만한 토란알을 심어 보라고 갖다 준 적이 있었다. 우리 토란이야 잘해야 달걀만한 데 타조알 만한 토란알을 보고 얼마나 놀랐는지 모른다. 그 토란을 내 밭에 심으며 타조알 만한 토란알이 주렁주렁 달리길 얼마나 기다렸는지. 그런데 심어 놓고 싹이 나기만을 기다렸는데 나올 기미가 보이지 않았다. 너무 커서 늦나 보지, 하는 여유 있는 마음으로 기다렸는데, 나올 생각조차 하지 않는 것 같았다. 그러는 동안 토란을 심은 자리는 풀밭으로 변했고, 결국 기다리다 지쳐 심은 자리를 한번 파 보았다. 그랬더니 이런! 토란 알이 흔적도 없이 사라졌다. 하늘로 날아갔는지 짐승이 캐 갔는지 오간 데 없었다. 원인을 자세히는 알 수 없지만 뭔가 녹아 버린 듯한 흔적을 볼 때 우리 땅에 적응하지 못해 녹아 버린 게 아닌가 싶었다. 아무래도 성질이 단단하지 않은 작물은 우리 땅에서 잘 자라기가 쉽지 않은 모양이었다. 그러니 이런 척박한 땅에서도 기어이 자라는 우리 작물들은 얼마나 강한 성질을 가진 것인지 알 만했다.

음식이 약이 되게 하려면 음식의 재료인 작물을 어떻게 키워야 할까? 일단 작물을 되도록 자연 상태에 가깝게 키워야 한다. 온실에서 키우는 것이 아니라 거친 자연환경에서 인위적인 손길은 최소화하고 거름도 많이 주지 않고 물도 천수답에 가깝게 주면서 키우면, 작물 스스로 적응력을 키워 '약성'을 많이 만든다.

한번은 밭에서 풀처럼 키운 곰취를 한 바구니 따서 삼겹살 식당에 가져간 적이 있다. 양해를 구하고 삼겹살을 구워 곰취에 싸 먹고 있었다. 주인 아줌마가 자기 집에도 곰취가 있다며 내왔는데 맛을 비교해 보더니 놀라고 말았다.

"우리 집 곰취는 곰취가 아니네요. 어떻게 키웠기에 아저씨네 곰취는 그렇게 향이 좋고 아삭아삭하죠?"

"아줌마 식당 곰취는 물 주고 거름 줘 키워서 그래요. 농약도 당연히 쳤겠죠" 했더니 고개를 갸웃하며, "아저씨 곰취는 어떻게 키웠어요?"라고 했다.

"풀 매 준 것 외에는 아무것도 해 주질 않았죠. 물도 주지 않고, 거름도 안 주고……."

내가 키우는 배추 이야기를 하면 사람들은 더 이상하게 여긴다. 물 한 번 안 주고, 벌레 잡아 준 적도 없고 그저 오줌만 세 번 정도 주고 풀 한 번 매 준 게 전부이기 때문이다. 이 배추는 결구, 곧 속이 차지 않는 재래종 배추로 개성배추라는 토종이다. 그런데 이 배추 맛이 기가 막히다. 옛날 맛이 그대로 나는데 아삭아삭하고 시원하면서도 깊은, 배추 특유의 씁쓰레한 맛이 난다. 이게 약이 되는 맛이다. 반면 요즘 속이 꽉 찬 배추는 김장을 하면 처음엔 달고 고소할지 모르나 금방 군내가 나고 뒷맛이 개운치 않다. 맛은 날지 모르나 그 맛은 얄팍하니 깊은 '약' 맛이 없다. 어느 걸 키워 먹을까? 속이 차지 않는 배추는 당연히 크기가 작다. 그러니 상품성이 없다. 그런 배추를 누가 사 먹겠는가? 소비자들이 뭘 몰라도 크게 모르기 때문이다. 아무튼 이런 약이 되는 배추를 키워 먹는 것은 전형적인 자급농사만의 기쁨이다. 상품농사에서는 즐길 수 없는 기쁨이다.

마늘은 더하다. 마늘은 추운 겨울을 나는 작물로 겨울을 잘 버티라고 보통은 비닐을 덮어 준다. 그러면 마늘의 알이 굵고 크다. 그러나 이런 마늘은 오래가질 못한다. 몇 달 안 가서 금방 곯는다. 당연히 약 맛도 나질 않는다. 괜히 아리기나 할 뿐.

그러나 우리는 마늘에 비닐 대신 옛날식으로 볏짚을 덮어 준다. 비닐보다 추울 수밖에 없다. 그러기 때문에 마늘알도 작다. 그렇지만 그 뿌리가 대단하다. 이른 봄에 궁금해 마늘을 캐 보면 위로는 겨우 촉이나 올라온 정도인데 밑으로는 뿌리가 씨마늘 크기의 세 배는 되는 길이로 자란 데

다 무성하기까지 하다. 이렇게 키운 마늘은 다 자라도 비닐 덮은 마늘에 비해 반 정도 크기밖에 안 된다. 그런데 섬유질과 미네랄이 많아 아삭아삭하고, 마늘 특유의 알리신 향이 부드러우면서도 진하고 아린 맛이 없다. 장도 찍지 않고 생으로 먹어도 입맛을 돋운다. 풋마늘을 캐서 생으로 막걸리 안주를 먹는데 입담 좋은 아저씨 한 사람이 "이야, 무슨 마늘이 과일 같으냐?" 하고 뻥을 친다. 아무튼 맛도 맛이지만 이 마늘은 틀림없이 약 마늘이다. 사실 식물은 뿌리가 근본이다. 뿌리가 무성해야 약성도 뛰어나다. 깊게 뿌리를 내리면 가뭄에도 강하고 깊은 땅속 돌에서 미네랄을 빨아올려 생명의 맛을 만들어 낸다.

옛날 맛 나는 자급농사의 맛

요즘 채소는 옛날 맛이 나질 않는다고들 한다. 왜 그럴까? 나는 그 이유를 거름과 물로 키우기 때문이라고 생각한다. 거름도 옛날식 퇴비가 아니라 가축 똥이 대부분인 계분과 돈분 등의 거름이다. 이 거름에는 질소질은 넘치는 반면, 탄소질, 곧 섬유질과 미네랄은 많이 부족하다. 게다가 충분히 발효시키지도 않아 부패가스와 병해충 발생의 원인이 된다. 질소 과다 거름은 떫고 신맛을 내는 유기산을 만들어내 이 거름으로 기른 작물은 개운한 맛도 없고 뒷맛이 지리다. 질소 거름을 많이 주면 줄기와 잎이 잘 자라 채소에 물도 많고 달지만, 그런 이유 때문에 병해충의 공격에 약할 수밖에 없다. 더군다나 물을 많이 주고 키우면 채소에 수분이 많아 아삭아삭한 맛도 생기기 않는다. 당연히 저장성도 떨어진다.

작물이란 무릇 흙 맛으로 커야 한다. 흙에는 화학비료는커녕 퇴비로도 만들 수 없는 다양한 미네랄이 풍부하다. 다양한 양분과 미네랄을 흡수해야 양분이 균형 잡히고 풍부하여 작물이 건강한 맛을 낸다. 또 물을 많이 주지 않으니 스스로 땅속에서 올라오는 수분을 흡수하기 위해 뿌리를 더욱 발육시킨다. 뿌리가 잘 자랐으니 더욱 땅속 거름을 빨아들이는 능력이 좋아진다. 이른바 '흡비력'이 높아지는 것이다. 옛날 맛과 약성은 바로 이럴 때 드러난다.

토종 오이의 맛을 보면 옛날 맛의 전형을 느낄 수 있다. 토종 오이는 길이도 한 뼘 정도고 굵지도 않을뿐더러 살짝 굽어 요즘 기준으로 보자면 전혀 상품성이 없다. 게다가 금방 늙은 오이가 되기 때문에 상품성은 더더욱 떨어진다. 그러나 일단 그 맛을 보게 되면 생각이 달라진다. 그 상큼한 맛과 시원한 맛, 잊을 수 없는 오이만의 독특한 맛이 입안에서 진동한다. 그리고 더욱 매력적인 것은 이 토종 오이야말로 자급농사에 딱 맞는 작물이라는 것이다. 농사도 별로 어렵지 않고 병도 잘 걸리지 않으며 서리 올 때까지 따 먹을 수 있으니 상품농사에는 맞지 않을지 몰라도 자급농사에는 아주 제격이다. 게다가 힘들게 지주를 세우지 않아도 되고 망을 설치할 것도 없이 그냥 바닥에 키워도 풀과 함께 잘 자란다.

참 먹을거리는 땅을 망가뜨리지 않는다

농사는 자연을 망가뜨리는 행위가 아니다. 오히려 자연을 지키는 인간의 실천이라 생각한다. 처음 농사지을 때는 '농사가 숲을 파괴하여 지으므로 근본적으로 자연 파괴 아닌가?'라는 의문을 지울 수 없었다. 농사가 숲을 지킨다는 것을 알아내는 데에는 꽤나 많은 세월이 필요했다. 자연을 지키는 농사 방법 중에 제일 훌륭한 것은 아마도 다랑논일 것이다. 일명 테라스 농법이라고 하고 등고선 농법이라고도 하는 이 방법은 폭우로 인한 산

사태를 예방해 주고 물을 보전해 준다. 게다가 논과 밭은 숲에게는 오아시스 같은 구실도 한다. 먹을 게 떨어지는 겨울이 되면 숲의 생명들은 논, 밭에 내려와 먹을 것을 얻고 겨울을 나고 돌아간다. 철새도 마찬가지다. 그것은 논밭에는 거두고 남은 쭉정이 이삭 같은 것들이 있어, 철새들에게 먹을거리가 되어 주기 때문이다. 철새가 먹고 싸고 간 똥과 오줌은 논밭의 거름이 되어 주고 벌레도 잡아먹으니 병해충 방제까지도 해 준다.

우리 농장에는 젊은 곤충 박사가 곤충을 채집하러 자주 찾아오는데, 우리 밭과 주변 숲에서 70~80퍼센트를 수집했다고 한다. 그만큼 종 다양성이 우수하다는 사실을 말해 준다. 그 이유는 뭘까? 당연히 화학약품과 화학 자재를 쓰지 않기 때문일 것이다. 그도 그렇지만 무엇보다 우리 밭에선 순환 시스템이 잘 작동해서 그럴 거라 생각한다. 우리는 연작을 해선 안 된다는 배추를 자그마치 같은 자리에서 일곱 번이나 연작하고 있다.

흙냄새는 도시 농부의 큰 기쁨

요즘 일고 있는 농사 열풍은 결국엔 흙으로 돌아가고 싶어 하는 경작 본능이 일깨워졌기 때문이라고 본다. 모두가 콘크리트에 사느라 흙과 멀어지고, 흙에서 멀어지면서 자연을 잃었다. 자연을 잃으면서 자연이 주는 생명의 기운마저 잃어버린 것이다. 아마 전업 농업인들도 마찬가지일 것이다. 기계에 의존한 '농업 상품'을 생산하느라 너무 바빠 흙냄새 제대로 맡아 볼 여유도 없다. 살아 있는 흙에는 유익한 미생물이 풍부해 농약도 필요 없고, 거름이 적어도 된다. 유익한 미생물이 내뿜는 천연항생제가 해로운 벌레와 균을 막아 주기 때문이다. 거름이 적어도 되는 것은 같은 양이라도 효율이 높기 때문인데, 그 이유 또한 미생물 때문이다. 작물에 거름을 주면 작물이 바로 거름을 먹는 것이 아니다. 미생물이 분해해 준 것을 먹는다. 그러니까 미생물이 적으면 거름을 많이 주어도 거름 결핍 현상이 나타난다.

무엇보다 살아 있는 흙에서는 농부를 행복하게 해 주는 행복약이 나온다. 유익한 미생물들이 뿜어 대는 냄새에는 항우울제 성분도 있어 흙냄새를 맡으면 절로 맘이 편해지고 행복지수가 올라간다. 사람들에게 가끔 우스갯소리로 부부싸움 하고 나면 반드시 밭에 가서 호미질하라고 일러 준다. 호미질로 풀을 뽑으며 "이 웬수 같은 서방!", "남자 속도 못 알아주는 속 좁은 여편네!" 하고 나면 금방 화가 풀어짐을 느낄 수 있다.

농사를 지으면서 막걸리 마니아가 되었다. 이웃과 함께 일하고 나서 먹기도 하지만 혼자서도 즐겨 먹는다. 막걸리 한 사발 마시고 따뜻한 봄날 밭에 들어가 흙냄새를 맡으며 일하노라면 천국이 따로 없다. 자고로 하농은 게을러 풀만 키우고, 부지런한 중농은 수확을 잘 거두지만, 진정한 참농부인 상농은 흙을 살린다 했다.

두근·불안·식겁·오싹한 생명 활동의 전율에 농사짓는다

농사를 짓게 된 계기는 우연히 심은 배추씨가 사흘 만에 싹트는 것을 보고 놀란 일 때문이었다. 그게 뭐 그리 놀랄 일이냐 하겠지만 겪고 보지 않고는 모른다. 나에게 농사 스승이나 다름없는 마을 아저씨에게 처음 만나 이 얘길 했더니 당신도 하는 말이 "평생 농사지어 돈은 못 벌었어도, 농사를 포기하지 못하는 것은 그 맛 때문이지"라고 했다.

농사지은 지 15년이 된 지금 여전히 씨를 심고 나면 싹을 기다리는 마음이 두근두근, 불안불안한 게 꼭 젊을 때 아내를 꾈 때의 마음과 똑같다.

그래서 나는 농사짓는 일은 평생 연애하는 것과 같다고 했다. 그뿐이랴, 힘들 게 싹튼 다음엔 열심히 자라 꽃필 때의 물오른 모습, 꽃 피고 나서 열매 맺은 모습은 참으로 예쁘고 그 모습을 보고 가꾸는 일은 그야말로 신나는 일이다. 이런 생명 활동을 만나고 교감하는 일은 나에게 잠자고 있는 세포와 생명력을 일깨워 준다. 그러나 밭에는 이렇게 아름다운 생명만 있는 게 아니다. 나는 자연이란 무시무시한 천적들이 함께 사는 세계라고 표현한다. 논과 밭도 마찬가지다. 농약 치지 않고 생태 유기농법으로 농사지으면 먼저 지렁이가 많이 생긴다. 그러면 그걸 먹으러 두더지가 온다. 청개구리, 참개구리도 오고 땅강아지도 오고 많은 생명들이 찾아온다. 그러면 그걸 먹이 삼아 뱀이 온다. 무시무시한 살무사도 온다.

밭에서 처음 살무사를 만났을 때는 참으로 소름이 돋았다. 거름 만들려 덮어놓은 거적을 벗겼더니 그 안에서 살무사가 똬리를 틀고 나를 쏘아보던 그 모습에 얼마나 식겁했던지 지금도 생각하면 오싹하다. 그리고 해마다 밭에서 그놈들을 만나곤 하는데 어쩌다 그놈들이 눈에 띄지 않으면 보고 싶기까지 하다. 뱀이 보고 싶다고 하니 뱀 고기를 떠올릴지 모르겠으나 그게 아니라 뱀을 보고 느끼는 그 전율을 또 느끼고 싶어서가 아닌가 하는 생각이 들었다. 바로 그 전율에서 나의 잠자는 세포를 깨우는 듯한 긴장감을 떠올렸기 때문이다.

메기와 같이 산 미꾸라지가 맛있다고 한다. 메기에게 잡아먹히지 않으려 운동도 열심히 하고 머리도 잘 굴리면서 적응력을 높이다 보니 싱싱할 수밖에 없을 것 같다. 벌레 먹은 채소가 맛있다는 말도 마찬가지이다. 벌레가 맛있는 부위를 먹기 때문이겠지만 벌레가 공격하면 그를 막기 위해 내는 방어물질, 곧 피톤치드가 작물의 맛을 더하기 때문일 것이다.

도시 농부는 생명의 순환을 돕는 사람

생명은 언젠가 늙고 죽는다. 요즘은 젊음만 너무 숭배하고 늙는 것을 추하게만 여긴다. 몇 년 전 토종 작물을 수집하고자 다닌 충북 괴산에서 우연히 마주친 아주 늙은 느티나무를 보고 한순간 넋을 잃고 쳐다본 적이 있었다. 그 노거수는 가운데가 뻥 뚫려 있었다. 세월의 풍상이었다. 넋을 잃고 그 나무를 쳐다보며 중얼거린 말이 바로 "늙는 것이야말로 진정한 아름다움이구나!"였다. 늙음이 만들어낸 완벽한 균형미였다. 그리스 조각상 같은 박제화된 균형미가 아니라 세월의 풍상조차 자기 것으로 받아들여 빚어 낸 균형미였다. 어쩌면 티가 있어야 옥일 수 있을지 모른다. 티가 없는 기계적인 완벽한 균형미는 죽어 있는 균형미일 것이다.

나는 그래서 늙는 것은 부패하는 것이 아니라 발효하는 것이라 생각했다. 늙는 것을 추하게 여기지 않고 모든 것을 받아들여 자기 안에서 숙성시켜 버린 발효, 바로 그것이었다. 이 말을 누군가에게 했더니 공감하며 건네주는 말,

"늙은이란 말은 옳지 않아, 익은이가 맞지, 그래서 늙은 호박은 어느 지역의 사투리에서는 익은 호박이라 하는데, 늙은 오이도 익은 오이가 맞는 거지."

참으로 타당한 말이다.

늙는 것은 발효되어 좋은 흙으로 돌아가는 과정이다. 죽더라도 좋은 흙이 되어 새 생명의 밑거름이 된다면 죽어도 희망이 있을 것이다.

농부는 먹을거리를 거두는 일만이 아니라 늙어 죽어 가는 모든 생명을 거름으로 살려서 새 생명의 밑거름으로 만드는 존재이다. 농부가 아니고

서는 누구도 할 수 없는 일이다.

　아름다운 생명과 무시무시한 천적, 그리고 늙어서 좋은 흙으로 돌아가는 생명의 존재를 만나는 기쁨은 돈 주고는 도저히 살 수 없는 자급농사만의 큰 기쁨이다.

유기농의
이유,
자족의 철학

유정길_환경운동가

    초등학교 1학년 때 국어 교과서에 나온 '토끼와 거북이' 이솝 우화를 읽었던 기억이 있다. 제도 교육을 처음 받으면서 거의 백지 상태인 나의 머릿속에 자리 잡았던 토끼와 거북이 우화는 그 무엇보다 선명하게 떠오르는 이야기 중 하나였다.

    이 우화의 교훈은 자만하지 말 것과 불리한 조건을 탓하지 말고 꾸준히 노력하면 결국 성공할 수 있다는 것이었다. 고도성장을 도모하던 시절을 지나던 우리에게 아주 적절한 내용으로 보였다. 그러나 이 우화를 다른 면에서 보자면 자고 있는 토끼를 깨우지 않고 지나친 거북이의 심보가 틀렸다고 비판할 수도 있다.

이 우화가 나에게 던진 숙제는 '승리'에 대한 집착과 강박감이 내 마음에 자리 잡게 되었다는 점이었다. 결국 경쟁 사회에서 '이기는 것', '1등이 되는 것'이 무엇보다 중요하다는 사실을 처음 깨닫게 됐던 계기였다. 내 성공만 생각한다면 토끼의 실수는 나에게 흐뭇한 일이 된다고 여겼다. 이와 같은 경쟁에서 상대방의 실수 또는 실패는 나에게는 승리이며 이익이 된다고 생각했던 것이다. 이 게임에서 거북이가 이긴 이유는 우리가 입이 마르도록 칭찬하는 '꾸준한 인내와 노력 때문'이 아니라, '토끼가 잠자는 실수'를 한 덕분이다.

또 다른 각도에서 살펴보면, 토끼와 거북이가 같은 출발점에서 경쟁을 시작한 것도 말이 안 되는 일이다. 토끼는 토끼끼리, 거북이는 거북이끼리 경쟁을 해야 옳다.

아무튼 이 우화는 공동체 이익, 남에 대한 배려, 사랑, 협동 등의 가치와 정반대로 개인적 이익과 이해관계에 매몰되어 있다. 경쟁에서 이기는 게 우선이라며 인간의 이기심을 극대화하고 있는 우화이다.

경쟁의 논리, 죽임의 삶

이 우화를 초등학교 1학년 때 배운다는 것은 매우 상징적이다. 앞으로 펼쳐질 아이의 미래가 경쟁의 쳇바퀴를 벗어날 수 없음을 선언하는 것이다. 일등에서 꼴찌까지 한 줄로 세우는 시험과 입시, 취업. 모두 경쟁이다. 경쟁은 곧 이기고 지는 게임이며, 내가 이기기 위해서는 누군가는 져야 한다. 누군가의 실수는 곧 나의 이익이다. 이런 경쟁에 대한 인식의 기본 토대는 나와 상대를 철저히 구분하고 가르는 것이다. 이것은 우리 삶의 모든 것을 싸움으로 만든다. 싸움이기 때문에 결국 이기고 지는 문제로 보는 것이다. 이런 맥락은 우리 삶의 곳곳에 짙고 교묘히, 그리고 섬세하게 배어 있다.

이 많은 경쟁의 게임에서 이기는 사람과 지는 사람을 비교한다면 누가 더 많을까. 성취감을 얻는 사람과 피해의식을 겪는 사람을 비교한다면 과연 누가 더 많겠는가. 아마도 이기는 사람, 성취감을 얻는 사람보다 지는 사람, 피해의식과 패배의식을 갖게 되는 사람이 훨씬 많을 것이다. 그런데 이번 게임에서 설령 이겼다고 해도 더 많은 다른 게임에서도 계속 승리자가 될 것이라는 보장은 없다. 오히려 패배하거나 피해의식을 갖게 될 가능성이 더 많다. 더욱이 사람은 성공했던 좋았던 기억보다 피해의식, 패배의식, 상처 받았던 기억을 더 오래 마음에 새기게 된다. 이렇게 본다면 오늘 우리 사회는 경쟁이라는 이름으로 피해의식, 패배감, 열등의식을 양산하며 사회적 상처들을 내면에 켜켜이 쌓게 하는 사회라고 볼 수 있지 않을까?

자주 쓰이는 말 중에 기라는 말이 있다. 분위기, 기운, 사기, 정기 등으로 쓰이며 특히 '기를 살린다. 기를 죽인다'는 표현은 자주 사용된다. 보이지 않지만 사람과 사람 사이에서 만들어지는 일정한 경향과 분위기와 에너지를 말한다. 경쟁을 통해 수많은 사람이 느끼는 패배와 피해의식, 상처는 결국 사람들의 '기를 죽게 하는 것'이다. 이런 정신적인 '기죽임'이 누적되고 반복되면 살아도 사람 구실을 제대로 하지 못하고, 더욱 심해지면 실제 죽음으로까지 이어진다.

우리나라의 자살률은 10만 명당 31.2명으로 세계 1위이다. 1년에 약 2만여 명이 자살한다고 한다. 또한 이보다 30배나 더 되는 사람들이 자살을 시도한다고 한다. 우울증 환자들도 심각하다. 결국 우리 사회에 흐르고 있는 '기죽임의 문화' 때문이라고 할 수 있지 않을까?

내가 살기 위해서는 누군가를 밟고 올라서야 하는 무한경쟁 사회에서 이런 죽음은 사람끼리만 있는 것이 아니다. 기업과 국가도 곧 그렇게 훈습된 이기적인 인간에 의해 만들어지고 운영되는 곳이다. 10년 뒤의 이윤을 위해 1~2년간의 단기적인 이익을 포기할 기업이 있을까? 자연을 보존하는 것이 결국 장기적으로 이익이라고 말은 하지만, 그 장기적인 이익을 위해 현재의 이윤을 포기할 기업은 없다. 남보다 먼저 제도적 장치를 풀게 하여 개발하고 파헤치고 선점하고 이용하는 것이야말로 생존경쟁에서 기업이 살아남는 방법이다. 이런 기업에 '자연보호, 환경보전'이라는 구호는 회사의 이미지 개선을 위한 수단일 뿐이다.

정치는 10년, 20년 뒤의 장기적인 국가 설계보다, 선거 기간에만 그것도 입으로 떠드는 것만으로 끝이다. 게다가 개발 공약만 앞세우는 정치인들이 여러 정책을 주무르고 있는 형편이다. 환경보전을 주장하긴 하지만, 경제성장이 그래도 더 우선이라고 말하며, 그래야 표를 더 얻을 수 있다고 생각한다.

결국 이런 것이 '죽임의 문화'이며, 루돌프 바로(Rudolf Bahro)가 말하는 '스스로 명을 재촉하는 거대한 자동 장치'인 것이다. 인간과 인간 사이의 경쟁과 죽임이, 인간이 자연을 죽여 나가는 관계로 확장된 것이 바로 환경오염, 자연 파괴이다.

환경문제는 단순히 자연환경의 오염과 파괴가 아니라 이런 거대한 죽임의 순환, 죽임의 문화가 약한 고리인 환경을 통해 드러난 것이다. 따라서 환경문제의 진정한 해법은 환경을 보전하고 자연을 지켜나가는 데 그치는 것이 아니라, 죽임의 문화, 죽임의 사회를 살림의 가치가 흐르는 사회로 만드는 것이다.

나와 연결된 자연과 인간을 살리는 환경운동

생태적인 세계관은 '관계망적 사고'를 의미한다. 우리를 둘러싸고 있는 모든 것들은 상호 연관되어 있고, 서로 의존되어 있으며 관계되지 않은 것은 하나도 없다고 생각하는 것이다. 그래서 한 개체의 피해는 서로 연결된 그물망에 의해 전체에 영향을 준다고 생각하는 것이다. 이것은 개인의 이익을 중심으로 자연이 파괴되든, 이웃이 죽든 나와는 관계없다는 분절적 사고와는 전혀 다른 대척점에 있는 생각이다. 틱낫한은 이런 관계망적 세계를 다음과 같이 표현했다.

> 당신이 만약 시인이라면 당신은 분명 이 한 장의 종이 안에서 구름이 흐르고 있음을 보게 될 것입니다. 구름이 없으면 비가 없고, 비가 없으면 나무가 자랄 수 없습니다. 그리고 나무가 없으면 우리는 종이를 만들 수 없습니다. 종이가 존재하려면 구름이 반드시 있어야 합니다. 만일 구름이 이곳에 없으면 이 종이도 여기에 있을 수 없는 것입니다. 그러므로 구름과 종이가 서로 공존하고 있다고 말할 수 있습니다. 이 종이 안을 더욱더 깊이 들여다보면 그 안에서 햇빛을 보게 됩니다. 햇빛이 그 안에 없다면 숲은 성장할 수 없습니다. 사실은 아무것도 자랄 수가 없습니다. 그러므로 우리는 햇빛이 종이 안에 있음을 봅니다. 종이와 햇빛은 서로 공존하고 있습니다. 또 계속 바라보면 우리는 그 나무를 베어 그것을 제재소로 운반해 간 나무꾼을 봅니다. 그리고 우리는 밀가루를 봅니다. 그 나무꾼이 빵을 매일 먹지 않고는 살 수 없음을 보게 됩니다. 그러므로 그 빵을 만드는 밀가루를 이 종이 안에서 봅니다. 그리고 그 나무꾼의 아버지와 어머니가 그 안에 있음을 봅니다. 우리가 이런 식으로 바라볼 때 이 모든 것이 없으면 이 한 장의 종이가 존재할 수 없음을 보게 됩니다. … 중략 … 시간, 공간, 지구, 비 그리고 땅속

의 광물질, 햇빛, 구름, 강, 열, 그 모든 것이 이 종이와 공존합니다. 당신은 홀로 존재할 수 없습니다. 당신은 모든 다른 것들과 공존해야 합니다. 모든 다른 것들이 존재하기 때문에 이 종이 한 장이 존재하는 것입니다.

— 《틱낫한의 평화로움》(틱낫한 저, 열림원) 중에서

살림의 세계관인 '관계망적 사고'는 동양사상의 '유기체적 사고, 전일적 사고'와 맞닿아 있다. 서구의 이원론적 환원주의, 기계론적 사고가 바로 오늘날 인간과 자연의 분리와 인간의 자연 지배라는 논리를 만든 기반이 된 것이다.

환경문제를 대기, 수질, 토양, 해양 오염 등의 현상을 극복 개선하는 차원으로 한정해서 보는 것은 바로 환경문제를 야기했던 기계론적 세계관에 근거한 협소한 시각이다. 근본적으로 환경운동은 인간과 환경을 둘러싼 '생명을 살리는 모든 운동'이라고 생각을 바꿔야 한다.

죽임의 세계관은 주변과 '자신을 분리'시키고, '나의 이익'을 중심에 두는 것이다. 그래서 자신의 이익을 위해 상대를 밟고 올라서는 사회를 만든다. 그러나 설령 한 게임에 이겼다고 해도 이후 벌어지는 더 많은 게임 속에 결국 자신도 밟히는 대상이 된다. 누구도 패배와 상처를 피할 수 없고 그저 희생 제물이 된다.

그러나 살림의 세계관은 모든 것은 연결되어 있다는 관계망적 사고를 기반으로 한다. 그래서 한 개인의 고통은 전체의 아픔과 연관된다고 생각하며, 이웃과 주변을 살리기 위해 자발적으로 손해와 피해를 감수한다. 주변과 이웃이 잘되도록 도와주는 것은 짧게 보면 자신에게 손해지만, 멀리 보면 그것은 타인을 살리고 자신도 살리는 행위인 것이다. 그리고 자연을 살리는 것이 곧 인간이 행복해지는 것으로 생각하는 것이다.

살림의 세계관은 스스로 손해 보고, 희생을 자처하는 것이다. 그러나 그것은 희생이 아니고 주변을 살리며 시스템 전체를 살리며 곧 자신을 살리는 것이다.

이런 관점에서 보면 오늘의 관행 농업은 생명을 살리는 농업이 아니다. 농산물은 돈벌이를 위한 상품일 뿐이다. 착색제와 발색제 등 첨가물이 들어 있어 모양만 좋은 농산물, 그리고 무분별하게 비료와 농약, 제초제를 사용해 생산한 농산물은 먹는 사람의 건강과 안전은 고려하지 않고 소비자야 어찌 되었든 돈만 벌면 된다는 생각으로 만들어진 그저 상품일 뿐이다. 이렇게 죽임의 문화에 포섭된 생산자는 소비자를 생각하지 않는다. 마찬가지로 소비자 또한 생산자의 노고에는 관심 없이 그저 값싼 것만 찾으면 그만이다. 쌀과 보리를 비롯한 온갖 채소가 바람과 비, 태양과 새와 벌레 등이 함께 만들어 낸 거룩한 우주적 합작품이라는 사실을 알려고도 하지 않고 알 필요도 없다고 느낀다.

차가운 돈의 세계, 자본의 세계에서 농산물은 돈벌이의 매개일 뿐이다. 서로 얼굴을 모르는 익명성의 거래 관계이다. '차가운 거래'이다.

생산자와 소비자가 서로 얼굴을 알고 있다면 농약과 비료, 제초제를 함부로 사용할 수 없다. 누가 먹을 건지 알고 있기 때문이다. 또한 소비자는 생산자를 알고 있기 때문에 비록 조금 비싸더라도 건강하게 생산된 것을 흔쾌히 살 수 있게 된다. 나아가 생산자와 소비자가 더욱 신뢰하고 가까워진다면 생산자는 더욱 정성을 들이고 가꾸어 소비자에게 주려고 한다. 서로 얼굴을 아는 대면적 거래 관계이다. 이럴 때 거래는 '따뜻한 거래'가 된다.

농업에서의 생명운동은 이렇게 지역에서 생산과 소비가 대면적 관계에서 이루어지는 따뜻한 시장을 만드는 운동이다. 그래야 생산자도 살리고 소비자도 살리며, 농업도 살리고 시장도 거룩해지는 살림의 사회, 생명의 사회를 이룰 수 있다.

생태적 삶과 행복방정식

미국의 경제학자 폴 새뮤얼슨(Paul A. Samuelson)은 다음과 같은 행복방정식을 쓴 적이 있다.

행복도 = 소유 / 욕구

현대인들의 행복도는 욕구에 따른 소유의 크기에 달려 있다는 것이다. 현대사회는 광고를 통해 분모(욕구)를 끊임없이 키우기 때문에 분자(소유)가 이 속도를 따라잡지 못하면 행복도는 떨어지게 된다는 것이다. 결핍감을 자극해 더 많은 소비를 충동한다는 것이다.

새뮤얼슨의 행복방정식대로라면 앞으로 인류의 행복도는 더 떨어질 것이다.

우리는 전 세계적인 네트워크의 확장으로 순식간에 다량의 정보가 흐르는 시대에 살고 있다. 이전 세대보다 더 많은 정보를 얻고 있어 욕구의 크기도 이전 세대보다 훨씬 커졌다. 하지만 소유의 크기는 그 속도만큼 성장하지 못하고 있다. 어쩌면 그 성장의 한계가 다가오고 있는지도 모른다. 전 세계적인 경제성장률 둔화를 통해 알 수 있듯이 이전 세기의 폭발적인 물질적 풍요는 더 이상 장담할 수 없게 되었다. 고갈되어 가는 지하자원, 실물경제를 몇 배 뛰어넘는 금융경제, 신자유주의로 말미암은 양극화와 세계 금융위기로 발생한 경제 위기를 통해 알 수 있다. 이런 분위기는 이

전 세기말에 이미 감지되었다. 1991년 브라질에서 있었던 유엔환경개발회의에서 '환경적으로 건전하고 지속가능한 발전'이라는 개념이 도입되면서 전 세계는 일순간 '위기'라는 말이 일상화되기 시작했다. 그 위기의 본질은 미국과 일본 등 선진국의 대량생산, 대량소비, 대량폐기에 있다고 보았고, 그로 인한 피해는 이미 회복할 수 있는 수준을 넘어서고 있다고 경고했다. 대량생산과 대량소비, 대량폐기는 화석연료의 무분별한 남용을 가져왔고 이 때문에 남북극의 빙산이 녹고 해수면이 상승하는 등의 환경문제가 심화한 것이라고 진단한 것이다.

70억 인구 중에 5퍼센트에 해당하는 3억 명이 사는 미국의 화석연료 사용량은 지구 전체 사용량의 32퍼센트를 차지하고 있다. 몇몇 선진국 등을 추가하면 전체 인구의 20퍼센트 정도가 전 세계 화석연료의 82퍼센트를 소비하고 있다고 한다.

환경 위기는 바로 이들이 소비하는 화석연료 때문인 것은 너무도 분명하다. 만약 미국과 같은 생활양식이 정당한 것이라면 나머지 80퍼센트의 가난한 나라도 마땅히 그 같은 경제적 풍요를 누려야 한다. 그러나 만일 인구 13억 명의 중국과 10억 명의 인도, 더 많은 아프리카의 가난한 나라 사람들이 그들과 같은 소비 수준을 유지하려고 한다면 어떻게 될까? 물어보나 마나 환경 위기는 더욱 가속화되고 지구는 곧 결딴날 것이다.

이렇게 볼 때 우리가 지금 같은 풍요로운 삶을 누리고 있는 것은 가난한 나라 사람과 골고루 나눠 써야 할 자원을 소수의 잘사는 나라 사람들이 빼앗아 쓰고 있기 때문이며, 나아가 미래 세대가 써야 할 자원까지 끌어당겨 쓰고 있기 때문이다. 조금 더 깊이 살펴보면 가난한 나라 사람들의 그 가난 덕분에 우리가 현재의 소비적 삶을 유지하는 것이라고 할 수 있지 않을까? 선진국들의 발전이 스스로의 노력이라고 착각하지만, 실은 가난한 나라를 착취하고 미래 세대의 것을 빼앗아 소비한 덕이며 실제 큰 죄업을 짓고 있는 것임을 깨달아야 한다.

다시 행복방정식으로 돌아가 보자. 결국 오늘의 산업사회는 욕구의 무한 추구, 무한 경제성장을 추구하지만, 우리가 소비할 상품의 생산은 한계가 있다. 욕구(분모)의 성장에 맞추어 소비도 높아져야 하는데 사용할 자원의 한계와 정화 능력의 한계로 생산(분자)은 한계에 다다른다. 그것이 결국 환경 재앙이라는 위기로 이어졌고, 인류는 인과응보를 받고 있는 것이다.

경제학의 기본 토대는 '자원은 무한하다'는 전제이다. 이것은 인류의 큰 착각이고 패착이다. 우리가 쓸 '자원은 유한하다'는 사실을 이제야 깨닫기 시작하면서 전 세계적으로 분주하게 대책을 궁리하고 있는 것이다.

그러면 과연 이제 우리에겐 행복은 없는가? 기시네 다쿠로(岸根卓郎)는 그의 책 '문명론(『文明論 - 文明興亡の法則』, 東洋経済新報社, 1990)'에서 해법은 분모인 욕구를 줄이는 것이라고 주장한다. 그러면 자연스럽게 행복도는 높아진다는 것이다. 그리고 과거 환경 위기 시대에는 물질의 소비와 소유의 과소 여부가 행복의 초점이었다면, 이제는 결국 마음을 어떻게 다스리는가가 문제인 시대라는 것이다. 과거에는 확대된 욕구와 욕망을 당연시하며 물질이 중요한 시대였다면 환경 위기 시대는 소비와 소유의 한계를 인정하고 오히려 마음을 다스리며 '물질적으로는 청빈하게, 정신적으로는 풍요롭게' 사는 삶으로 이동하지 않으면 안 된다는 것이다. 오늘날 환경 위기를 근본적인 시각에서 바라본 메시지이다. 그래서 환경운동가들에겐 경전과도 같은 책 슈마허(E. F. Schumacher)의《작은 것이 아름답다》에서 불교

경제학을 언급하는 이유도, 제러미 리프킨이나 카프라 등의 학자들이 소박한 삶, 자발적 가난의 삶을 강조하는 것도, 바로 이런 이유 때문이다.

그러면 작게 사는 것이란 무엇일까. 우선 큰 것을 지양하고 많은 것을 소유하려는 욕구를 내려놓는 것이다. 그리고 자신을 돌아보며 수행과 수양의 정신적 가치를 소중히 여기는 것이다. 그리고 나누는 삶을 사는 것이다. 되도록 사지 않고, 직접 먹을 것을 재배하거나 집도 지어 보려고 노력해야 한다. 그래서 결국 작게 사는, 천천히 사는, 그리고 나누는 삶을 사는 것이다. 궁극적으로 경쟁에서 이기는 방법은 경쟁하지 않는 것이다. 경쟁을 포기하는 것이다. 목표를 추구하되 목표에 집착하지 않고, 과정과 관계를 소중히 하는 삶이다.

농(農)적 문명과 자족하는 행복

도시는 돈을 위해 모인 곳이다. 도시를 기반으로 세워진 문명 때문에 환경 위기가 온 것이라면, 땅과 사람을 기반으로 한 농업으로 이 위기를 극복해야 한다. 농(農)적 삶을 기반으로 한 문명으로 바꾸는 것만이 환경 위기를 해결하는 길이다. 농업을 단지 먹을거리 생산을 위해 필요한 인간의 활동이 아니라 환경과 문명의 위기를 극복하는 대안으로 여기는 사람이 많아지고 있다. 이런 생각을 품고 농촌에 돌아오는 귀농자도 많아졌다. 소박하게 천천히 사는 삶, 자발적인 가난과 청빈을 선택하는 사람이 많아지고 있다. 또한 도시에서 살지만, 흙과 땅의 소중함과 자립적 삶의 문화를 경험해 보려고 도시 텃밭이나 옥상 텃밭 등을 가꾸는 사람도 늘고 있다. 바로 도시 농사꾼, 도시 농부들이다. 그리고 공동체를 만들어 유기농 먹을거리를 사고, 농부들과 함께 대화하면서 생산자와 소비자의 경계를 뛰어넘으려는 노력도 있다.

이런 삶을 통해 돈으로는 누릴 수 없는 행복을 발견하기도 한다. 돈과 자본의 논리를 벗어나야 경험할 수 있는 가치들이기 때문이다.

아이들에게 경쟁이 아니라 더불어 살기 위한 공동체 가치를 심어 주기 위해서도 이런 의식의 전환이 필요하다.

우리 사회는 이미 저성장 사회에 들어섰다. 저성장 사회에서 우리는 어떻게 삶의 질을 유지할 수 있을까?

성장 사회에서는 돈과 자본, 생산이 중심에 있었다. 저성장 사회에서는 돈이 아니라 사람을 중심에 놓아야 한다. 돈 없는 사람은 결국 사람에 의존할 수밖에 없다. 과거 우리 전통에서 계, 두레, 향약이라는 공동체 전통은 붙박이로 사는 지역의 가난한 사람들이 서로 협동하며 사는 지혜였던 것이다. 가난한 사람이 생존하는 방법은 결국 사람끼리 의존하고 협동하며 사는 것이다. 협동의 결합력이 높으면 가난해도 높은 삶의 질과 행복을 유지할 수 있다. 그래서 더욱 지역공동체의 중요성이 강조되는 것이다.

결국 돈이 중심인 사회에서 사람이 중심인 사회로 나아가는 생태적 삶은 이처럼 개인의 깨달음을 기반으로 삼는다. 수행과 영성 등의 정신적 가치가 중요하다는 것을 깨닫는 것이다.

자신의 변화와 사회 변화는 둘로 나뉠 수 없다. 우리가 지향하는 생태적 사회는 지금과 같은 거대 국민국가가 아니라 생산과 소비, 폐기가 지역에서 순환하는 풀뿌리 분권 사회를 지향한다. 그리고 농업이 기본이 되어야만 외부에 의존하지 않고 자립적 삶을 살 수 있다. 그리고 지금과 같은 약육강식의 경쟁 법칙이 아니라 거래와 교환 과정이 서로 호혜적인 경제체제를 지향한다. 협동조합이나 사회적 기업, 지역 통화 등도 그 좋은 예다.

그리고 주택을 투자의 개념으로 보지 않고 거주의 개념으로 생각하며, 아파트와 아파트를 이동하는 떠돌이의 삶이 아니라, 한 지역에서 붙박이로 사는 삶을 추구한다. 그래야 이웃과 관계를 맺고, 지역의 자연을 책임지며, 환경과 생명을 돌보는 일을 할 수 있다.

붙박이의 지역공동체 속에서만이 우리가 추구하는 공동체 복지, 생태 복지가 가능하다고 생각한다.

유기농을 누가 망치는가
소비자를 위한 유기농 가이드북

1판1쇄 펴낸 날 2013년 9월 5일
지은이 백승우, 유병덕, 안병덕, 안철환, 유정길
펴낸이 송영민
삽화 권범철
디자인 DesignZoo
편집 유상원
펴낸곳 시금치
등록 2002년 8월 5일 제300-2002-164호
주소 서울시 종로구 광화문우체국 사서함 93호
전화 02-725-9401
전송 02-725-9403
전자우편 7259401@naver.com
페이스북 www.facebook.com/spinagebook
홈페이지 www.greenpub.co.kr
ISBN 978-89-92371-18-6 03520

ⓒ 백승우 등저 2013

* 값은 뒤표지에 있습니다.
* 이 책의 저작권은 저작자들에게 있습니다. 이 책의 내용 일부 또는 전부를 인용할 때에는 반드시 저작자와 도서출판 시금치의 서면 동의를 받아야 합니다.
* 이 책은 한국출판문화산업진흥원의 2013년 〈1인 출판사 출판지원〉 사업 당선작입니다.

* 이 도서의 국립중앙도서관 출판시도서목록(CIP)은 서지정보유통지원시스템 홈페이지(http://seoji.nl.go.kr)와 국가자료공동목록시스템(http://www.nl.go.kr/kolisnet)에서 이용하실 수 있습니다.(CIP제어번호: CIP2013015931)